Dieses Buch gehört:

....

....

Das Belle & Boo

Kreativ BUCH

Illustrationen: Mandy Sutcliffe
Fotos: Laura Edwards

EDITION FISCHER

Inhalt

EINLEITUNG 6
Willkommen in der zauberhaften Welt von Belle und Boo 8

PROJEKTE 10

Knopfbilder	12	62	Forschertasche
Sitzsack »Pirate Games«	14	68	Piratenflagge
Schürze für fleißige Helferlein	18	70	Ballettbeutel/Ballerina-Beutel
Herbstliche Naturgirlande	24	74	Spielbuch
Indianerkopfschmuck	28	82	Belohnungsdrachen
Kuschelhase Boo	32	84	Kamera-Tasche
Heißluftballon-Mobile	38	88	Nachziehelefant
Belles Wendy-Haus	42	94	Seife am Stiel
Kindermütze mit Bommel	46	98	Freundschaftsarmbänder
Fäustlinge mit Schneeflocken	50	104	Frühlingswiesen-Picknickdecke
Zahnfee-Kissen	54	108	Schneeflockenbaum für die Wand
Hickelhäuschen-Matte	58	110	Patchwork-Bettdecke
		116	Spielzelt für kleine Piraten

TECHNIKEN 120
SCHABLONEN 124
BEZUGSQUELLEN 142
REGISTER 143
VERLAGSANGABEN 144

Das ist Belle und das ist Boo.

Sie sind immer zusammen –

an Sonnentagen,

an Regentagen

und an den verträumten Heute-

machen-wir-mal-gar-nichts-Tagen.

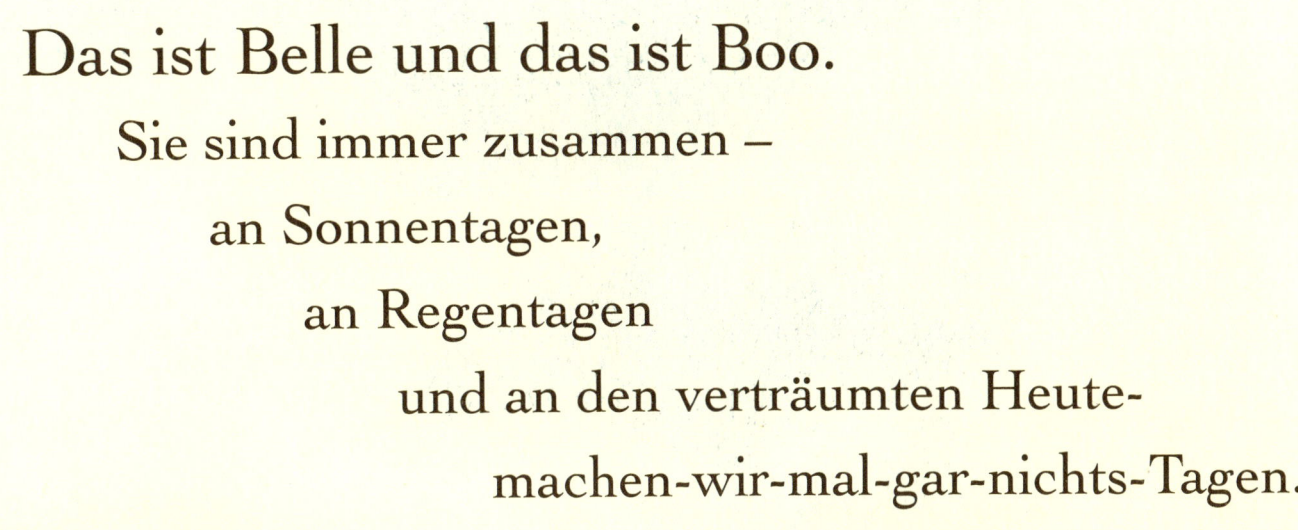

Herzlich willkommen in der zauberhaften Welt von Belle und Boo, an dem idyllischen Ort, an dem die Kinder und Tiere aus der Feder der englischen Illustratorin Mandy Sutcliffe glücklich und unbeschwert miteinander das Leben genießen. In diesem Buch finden Sie 25 Projekte, die Sie für Ihre Kinder nacharbeiten können, um an der Fantasiewelt von Belle und Boo teilzuhaben und etwas von ihrer Wärme, Unschuld und Abenteuerlust in Ihren Familienalltag zu bringen. Mit ein wenig Fantasie und dem wunderbaren Piraten-Spielzelt von Seite 116–118 wird Ihr Küchentisch zur seetüchtigen Galeone, zur Kommandozentrale für eine Expedition auf der Suche nach vergrabenen Schätzen; die Frühlingswiesen-Picknickdecke von Seite 104–107 ist in Wirklichkeit ein Fliegender Teppich, der die Blumenwiese direkt ins Kinderzimmer bringt. Belles Wendy-Haus von Seite 42–45 ist ihrem Baumhaus nachempfunden, und ein heimeliges Plätzchen, an dem man herrlich faul auf dem Bauch liegen und stundenlang malen und kritzeln kann oder einfach mit Boo und anderen Freunden seinen Tagträumen nachhängen kann.
Wer würde sich nicht von Zeit zu Zeit einen solchen Zufluchtsort wünschen?

Wie ihr Freund und Vertrauter Boo hat auch Belle noch viele andere Spielgefährten aus der Spielzeug- und Tierwelt. Nach den Anleitungen von Seite 32–37 können Sie ohne großen Aufwand einen Kuschelhasen erschaffen, der Boo zum Verwechseln ähnlich sieht und sicher gleich zum Lieblingsschmusetier Ihres Kindes wird. Oder vielleicht möchten Sie lieber nach den Anleitungen von Seite 88–93 einen Nachziehelefanten nähen, das Ebenbild von Schnuffelfant, der Ihrem Kind brav auf Schritt und Tritt folgt. Diese ganz besonderen Kuscheltiere werden Ihr Kind sein ganzes Leben lang begleiten und gewiss einen Ehrenplatz bekommen, wenn es irgendwann einmal aus dem Spielzeugalter heraus ist. Die Patchwork-Bettdecke von Seite 110–113 ist auch so ein Stück, das nie wirklich ausgedient hat. Sie bietet die wundervolle Möglichkeit, abgelegte

Kleidung weiterzuverwenden, wie zum Beispiel das erste Babykleidchen, oder andere Stoffe zu verarbeiten, die eine besondere Bedeutung haben oder mit schönen Erinnerungen verbunden sind. Und wäre es nicht eine schöne Idee, die Kinder mit in die Arbeit einzubeziehen, sie die Stoffe auswählen zu lassen oder sie zu bitten, beim Zählen der unendlich vielen bunten Sechsecke zu helfen?

Und für diese ganz besonderen Backtage, an denen Sie zusammen mit Ihren Kindern die tollsten Leckereien zaubern, könnten Sie nach der Anleitung für eine Schürze für fleißige Helferlein von Seite 18–21 den zukünftigen Küchenchefs und Meisterköchinnen eine ganz individuelle Schürze schneidern. Oder wie wäre es mit einem Spaziergang im Park oder im Wald, bei dem schöne Blätter gesammelt werden? Die Blätter können bestimmt werden und dann als Vorlagen für die Schablonen der Herbstlichen Naturgirlande von Seite 24–27 dienen. Einfache Formen aus Filz auszuschneiden ist ein geeignetes Anfangsprojekt für kleine Hobbykünstler.

Übrigens müssen Sie kein Nähtalent sein, um ein Großteil der Vorschläge in diesem Buch nacharbeiten zu können. Für einige der Projekte muss man nur mit Schere und Klebstoff umgehen können – selbst wenn Sie noch nie mit Nadel und Faden zu tun hatten, können Sie das bunte Heißluftballon-Mobile von Seite 39–40, die Knopfbilder von Seite 12–13 und den Belohnungsdrachen von Seite 82–83 anfertigen. Wenn Sie allerdings Freude daran haben, nähen zu lernen oder Ihre Kenntnisse auffrischen möchten, finden Sie auf Seite 120–123 ausführliche Anleitungen zu den im Buch verwendeten Techniken.

Die bezaubernden, fantasievollen Projekte in diesem Buch werden Ihnen sicher Freude bereiten und Ihnen dabei helfen, eine Zauberwelt zu erschaffen, in die Sie zusammen mit Ihrem Kind eintauchen können, und etwas nahezu unvorstellbar Wertvolles zu schaffen – einen Schatz wundervoller Erinnerungen, die Sie ein Leben lang begleiten werden.

Ihre

Belle & Boo x

Zauberhafte
Belle & Boo
PROJEKTE

Dieses Buch bietet Ihnen eine bunte Auswahl hinreißender Projekte, die Sie für Ihre Kinder nacharbeiten können. Inspiriert von der zauberhaft nostalgischen Welt von Belle & Boo finden Sie hier 25 originelle Vorschläge für wunderschöne Dinge für den Haushalt, traumhafte Accessoires, Spielzeug, das die Abenteuerlust weckt, und fantasievolle Spielbereiche. Schaffen Sie mit dieser faszinierenden Auswahl kreativer Projekte unvergängliche Erinnerungen für sich selbst und Ihre Kinder!

Knopfbilder

1 Stück dicke Pappe
1 Stück heller Karton
   (in passender Größe für den
   Kastenrahmen)
1 Stück einfaches weißes Papier
Spitzen Bleistift
1 Kastenrahmen
Eine Auswahl verschiedener Knöpfe
Heißklebepistole oder
   transparenten Klebstoff
Schablonen: Initialen
   (siehe Seite 124)

DEN UMRISS AUFZEICHNEN

1 Verwenden Sie die vergrößerten Schablonen von Seite 124 und ziehen Sie die Konturen des Buchstabens auf einem Stück dicker Pappe nach. Vergrößern Sie die Schablone mit dem Fotokopiergerät so, dass sie gut in den Rahmen passt. Schneiden Sie den Buchstaben sorgfältig aus der dicken Pappe aus, legen Sie ihn mittig auf den hellen Karton und ziehen Sie die Umrisse mit dem spitzen Bleistift nach. Wiederholen Sie diesen Arbeitsgang mit dem weißen Papier.

DIE KNÖPFE ANORDNEN

2 Arrangieren Sie die Knöpfe innerhalb der Buchstabenkontur auf dem weißen Papier. Füllen Sie den ganzen Buchstaben mit Knöpfen aus. Beginnen Sie oben mit den blassesten Tönen und positionieren Sie die dunkelsten Knöpfe unten. Verwenden Sie größere Knöpfe für die größeren, breiteren Bereiche des Buchstabens und kleinere für die schmaleren Bereiche.

DIE KNÖPFE FIXIEREN

3 Wenn Sie mit der Anordnung zufrieden sind, legen Sie einen Knopf nach dem anderen an der entsprechenden Stelle auf den hellen Karton und befestigen ihn mit einem Tropfen Klebstoff auf der Rückseite.

4 Nachdem die gesamte Buchstabenform mit einer Lage Knöpfe bedeckt ist, verleihen Sie dem Bild mit einer zweiten Schicht Knöpfe Plastizität.

5 Lassen Sie den Karton so lange flach liegen, bis der Klebstoff vollständig trocken ist, und legen Sie ihn dann in den Rahmen.

Sitzsack »Pirate Games«

Für einen großen Sitzsack
Baumwollstoff „Pirate Games" in
Möbelstoffqualität,
137 cm x 110 cm
Einfachen Baumwollstoff in
Möbelstoffqualität (für die
Unterseite und die Griffe),
50 cm x 100 cm
Nylonreißverschluss, 60 cm
Innensack (Futter) aus
Baumwolljersey
500 Liter Styroporkügelchen

Für einen kleinen Sitzsack
Baumwollstoff „Classic Belle &
Boo" in Möbelstoffqualität,
137 cm x 60 cm
Einfachen Baumwollstoff in
Möbelstoffqualität (für die
Unterseite und die Griffe),
30 cm x 100 cm
Nylonreißverschluss, 40 cm
Innensack aus Baumwolljersey
250 Liter Styroporkügelchen

Kariertes Schnittmusterpapier
Farblich passendes Nähgarn
Nähzeug

SICHER IST SICHER! *Verwenden Sie
ausschließlich schwerentflamm-
bare Styroporkügelchen, die den
geltenden Sicherheitsbestimmun-
gen entsprechen.*

ZUSCHNEIDEN
FÜR EINEN GROSSEN SITZSACK
Aus Baumwollstoff „Pirate Games"
   1 Kreis, 62 cm Ø, für die Oberseite
   2 Rechtecke, 98 cm x 40 cm, für die
   Seiten
Aus einfachem Baumwollstoff
   2 Halbkreise, 62 cm Ø, für die
   Unterseite
   4 Griffschlaufen, 30 cm x 8 cm

FÜR EINEN KLEINEN SITZSACK
*Aus Baumwollstoff „Classic
Belle & Boo"*
   Einen Kreis, 40 cm Ø, für die
   Oberseite
   Zwei Rechtecke, 60 cm x 25 cm, für
   die Seiten
Aus einfachem Baumwollstoff
   2 Halbkreise, 40 cm Ø, für die
   Unterseite
   4 Griffschlaufen, 22 cm x 6 cm

DAS SCHNITTMUSTER ANFERTIGEN
Für beide Sitzsackgrößen gelten dieselben
Arbeitsschritte. Zeichnen Sie den Kreis
(mithilfe eines Zirkels) und die Rechtecke
auf das Schnittmusterpapier. Wenn Sie
den Kreis ausgeschnitten haben, falten Sie
das Papier auf die Hälfte und ziehen Sie

TIPPS: *Weiches Leder für die Griffe
wirkt sehr edel. Sollten Sie die Reißverschlüsse nicht in passender Länge erhalten, kaufen Sie längere, die Sie
dann auf das entsprechende Maß
kürzen.*

eine Linie mit 1,5 cm Abstand zum Kniff.
Verwenden Sie diese Schablone für die
beiden Halbkreise der Unterseite, schneiden Sie gerade entlang der markierten
Linie.

DIE UNTERSEITE ZUSAMMENNÄHEN
1 Schlagen Sie den Stoff an den geraden
Seiten der Halbkreise um 2 cm um und
bügeln Sie über die Kante. Öffnen Sie den
Reißverschluss und heften Sie ihn an die
Rückseite der Umschläge. Achten Sie darauf, dass die beiden Hälften einen voll-
ständigen Kreis ergeben. Montieren Sie
den Reißverschlussfuß an Ihrer Nähmaschine und steppen Sie entlang der geraden Seiten, 3 mm von der Kante entfernt.
Steppen Sie über die beiden Enden des
Reißverschlusses, damit nichts verrut-
schen kann. Wenn nötig, kürzen Sie jetzt
den Reißverschluss.

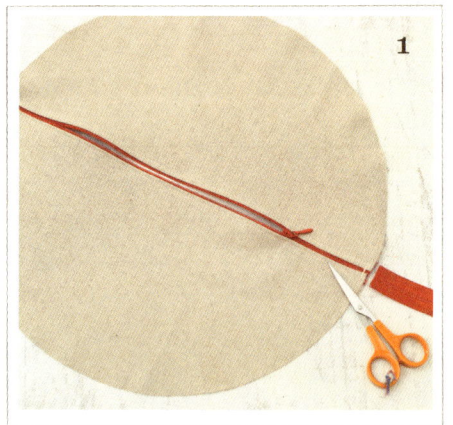

DIE GRIFFE NÄHEN

2 Stecken Sie 2 Griffteile rechts auf rechts aufeinander. Steppen Sie sie mit 1 cm Abstand zum Rand aufeinander, lassen Sie dabei eine Öffnung von 5 cm. Kürzen Sie die Nahtzugabe – mit Ausnahme der Öffnung – auf 4 mm. Schlagen Sie die Nahtzugabe an der Öffnung um und bügeln Sie sie so, dass die Kante auf einer Linie mit der Naht liegt.

3 Drehen Sie die Griffe auf rechts und glätten Sie die Nähte. Heften Sie die Öffnung zusammen und steppen Sie dann mit 4 mm Abstand zur Kante einmal um den gesamten Griff. Verfahren Sie mit dem zweiten Griff genauso.

DIE SEITEN VORBEREITEN

4 Stecken Sie die kurzen Seiten der beiden Rechtecke rechts auf rechts aufeinander. Nähen Sie sie mit 1,5 cm Nahtzugabe zusammen und bügeln Sie die Naht auseinander. Wenden Sie das Teil auf rechts.

5 Stecken Sie die Enden eines Griffs jeweils rechts und links von der Naht fest. Der obere Bogen des Griffs schließt mit der unversäuberten Kante des Seitenteils ab. Nähen Sie die abgerundeten Griffenden auf einer Länge von 3 cm am unteren Ende fest. Verstärken Sie die Befestigung mit einer Kreuzsteppung.

ALLE TEILE ZUSAMMENFÜGEN

6 Drehen Sie den Stoff wieder auf links, die Nähte liegen ganz außen. Falten Sie dann die Seiten noch dreimal auf die Hälfte, sodass 8 gleich große Teile entstehen. Markieren Sie die Endpunkte der Falten jeweils oben und unten mit einer Stecknadel.

7 Nun falten Sie die Kreise für die Ober- und die Unterseite je viermal auf die Hälfte und markieren die Endpunkte der Falten mit einer Stecknadel. Legen Sie den Stoff rechts auf rechts, die linken und rechten Oberteilränder bündig mit den Nähten des Seitenteils. Stecken Sie dann den Rest des Kreises so auf, dass die Markierungen aufeinanderliegen.

8 Schneiden Sie die Seitenteile am oberen Rand im Abstand von 2 cm je 1 cm tief ein, damit sich der Stoff an die Rundung des Oberteils anpassen kann. Heften Sie die Teile zusammen.

9 Öffnen Sie den Reißverschluss und stecken Sie das Unterteil in derselben Weise fest wie das Oberteil. Nähen Sie die Teile mit 1,5 cm Nahtzugabe zusammen. Anschließend drehen Sie Ihre Arbeit auf rechts und bügeln leicht über die Nähte. Zum Schluss füllen Sie den Innensack mit Styroporkügelchen, stecken ihn in den Bezug und schließen den Reißverschluss.

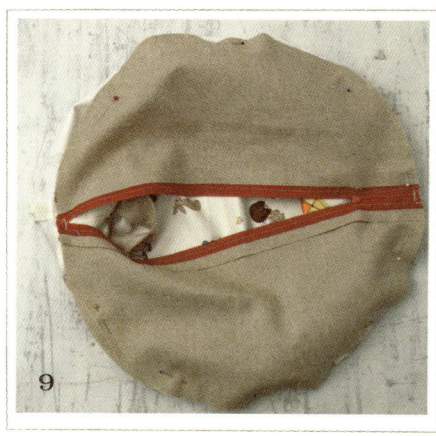

Schürze für fleißige Helferlein

ZUSCHNEIDEN

FÜR DIE SCHÜRZE

Vergrößern Sie auf kariertem Schnittmusterpapier die Schablone für die Schürze auf die volle Größe (435 %). Sie können sie mit dem Fotokopierer mit dem Faktor 400 % und dann nochmal mit 135 % vergrößern. Falten Sie das Leinen auf die Hälfte und stecken Sie das Schnittmuster wie beschrieben entlang der Kante fest. Schneiden Sie die Schürze zu.

FÜR DIE TASCHE

Schneiden Sie eine Tasche von 20 cm x 14 cm aus dem Baumwollpopeline zu.

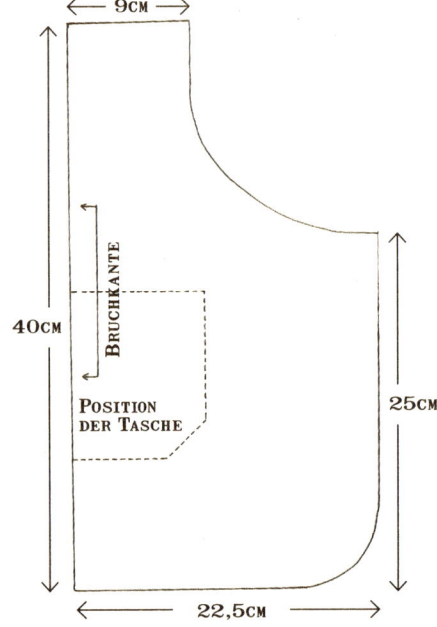

DIE KÜCHENUTENSILIEN STICKEN

1 Zeichnen oder fotokopieren Sie die Schablone für die Küchenutensilien und übertragen Sie das Motiv mit dem auswaschbaren Textilmarker auf die Schürze. Positionieren Sie die Schablone in der Mitte der Schürzenvorderseite, achten Sie dabei darauf, dass genügend Platz für die Tasche bleibt. Spannen Sie den Stoff in den Stickrahmen und ziehen Sie ihn straff. Sticken Sie die Konturen des Kochlöffels mit Rückstichen in warmem Braun, den Pfannenheber und den Soßenlöffel in Mittelbraun und den Schneebesen in Stahlblau. Verwenden Sie je 3 Fäden des 6-fädigen Twists.

DIE TASCHE VORBEREITEN

2 Bügeln Sie den Stoff für die Tasche an beiden Seiten und an der Unterkante 1 cm breit um. Schlagen Sie die beiden unteren Ecken nach innen um, um abgeschrägte Ecken zu erhalten.

3 Anschließend schneiden Sie ein 30 cm langes Stück Schrägstreifen ab und schieben es so über die Oberkante der Tasche, dass rechts und links je 1 cm übersteht. Heften Sie den Schrägstreifen an und steppen Sie ihn mit farblich passendem Nähgarn 3 mm von der Innenkante entfernt fest. Dann schlagen Sie den Überstand an den Seiten nach hinten und nähen die Enden mit der Hand auf der linken Stoffseite der Tasche fest.

DIE TASCHE NÄHEN

4 Orientieren Sie sich an der Abbildung von Seite 18 und stecken Sie die Tasche so auf die Schürze, dass sie die unteren Enden der Utensilien verdeckt. Heften Sie die Tasche an. Nähen Sie von Hand oder mit der Maschine mit einem Abstand von etwa 5 mm zum Rand von einem Ende zum anderen, die Oberseite bleibt offen.

DIE SCHÜRZE EINFASSEN

5 Fassen Sie die Oberkante der Schürze genauso mit dem Schrägstreifen ein wie zuvor die Tasche (Schritt 3). Schneiden Sie überschüssigen Schrägstreifen an den Enden ab, sodass eine gerade Kante entsteht.

6 Beginnen Sie in der rechten oberen Ecke der kurzen geraden Seite und heften Sie den Schrägstreifen um die kurzen Seiten und den unteren Rand der Schürze. Wenn Sie die abgerundeten Ecken der Schürze erreichen, dehnen Sie den Schrägstreifen an der Außenkante ein wenig, sodass er sich gut an die Rundung anpasst. Nähen Sie ihn von Hand oder mit der Maschine an und kürzen Sie den Überstand.

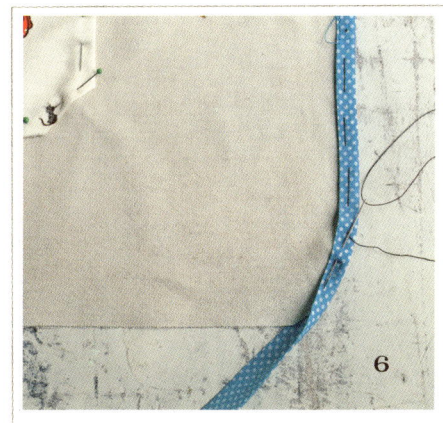

7 Halbieren Sie den verbleibenden Schrägstreifen. Lassen Sie ein Stück von 35 cm hängen, beginnen Sie am unteren Ende des Armlochs und stecken Sie eines der Schrägstreifenstücke um das Armloch bis zur Oberkante der Schürze. Sie werden die Innenkante des Schrägstreifens etwas dehnen müssen, damit er in der Rundung gut anliegt. Wenn Sie alles richtig gemacht haben, sollte jetzt noch ein Stück Schrägstreifen übrig sein, das für ein Nackenband ausreicht. Verfahren Sie mit der anderen Schürzenseite ebenso.

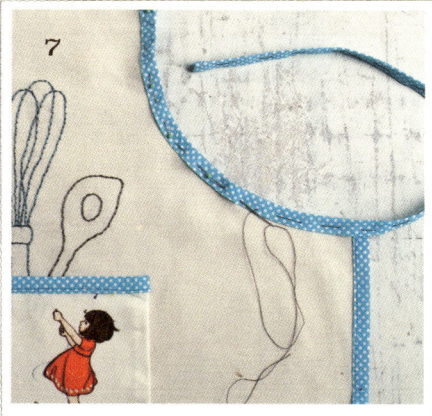

8 Jetzt schlagen Sie das Schrägband an den oberen Enden um 1 cm nach innen und bügeln über die Kante. Bügeln Sie die Bänder der Länge nach auf die Hälfte und heften Sie die Naht auf der ganzen Länge an. Zum Schluss nähen Sie die Bänder mit passendem Nähgarn von Hand oder mit der Maschine zusammen.

9 Verknoten Sie die vier Enden der Bindebänder. Binden Sie die oberen Schürzenbänder zusammen, die Länge des Nackenbandes lässt sich so variieren.

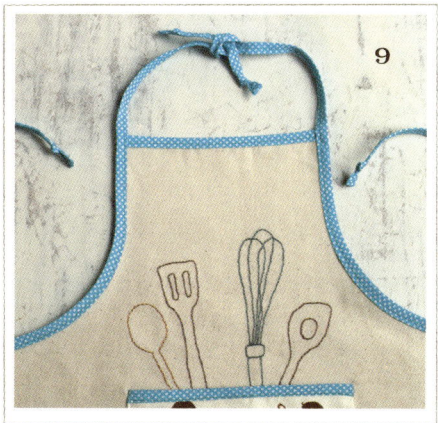

Herbstliche Naturgirlande

Baumwollstoffreste in
verschiedenen Farben und
Mustern
Bastelfilz in verschiedenen
Grüntönen
Bügelvlies
Gefilzten Wollstoff bzw. Wollfilz
(Anleitung für das Filzen von
Wolle siehe Kuschelhase Boo
auf Seite 32) in Hell- und
Dunkelbraun
Farblich passendes Nähgarn
Bunte Kordel oder Schnur
Zauberwatte zum Ausstopfen von
Kuscheltieren
Ein Stück Schrägband, 1,2 cm breit
Nähzeug
Schablonen: Wimpel, Blätter und
Eicheln (siehe Seite 126)

Als Vorlage für die Blätter können
Sie entweder die Schablonen von
Seite 126 verwenden oder mit den
Kindern bei einem Spaziergang
durch den Wald oder einen Park
echtes Laub sammeln. Beschweren
Sie die noch weichen Blätter mit
einem dicken Buch, fotokopieren
Sie die flach gepressten Blätter oder
ziehen Sie die Umrisse auf Papier
nach, um eine eigene Schablone zu
erhalten.

EINEN WIMPEL NÄHEN

1 Verwenden Sie die Schablone von
Seite 126 und schneiden Sie aus einem
der Baumwollstoffreste zwei Wimpel
zu. Stecken Sie die Teile rechts auf rechts
aufeinander.

2 Steppen Sie mit der Maschine die
beiden längeren Seiten des Dreiecks mit
6 mm Nahtzugabe zusammen. Schneiden
Sie an allen drei Ecken 2 mm von der
Naht entfernt ein kleines Dreieck von
dem Stoff ab. So erhalten Sie exakte
Ecken, wenn Sie Ihre Arbeit auf rechts
drehen.

3 Drehen Sie jetzt den Wimpel auf rechts.
Stülpen Sie die Ecke mit einem stumpfen
Bleistift aus und bügeln Sie leicht über die
Nähte. Schneiden Sie den Stoff ab, der am
oberen Rand übersteht.

EIN EICHENBLATT NÄHEN

4 Fotokopieren oder übertragen Sie die Schablone des großen Eichenblatts von Seite 126. Natürlich können Sie auch eines der Blätter verwenden, die Sie auf Ihrem Spaziergang gesammelt haben. Schneiden Sie es am Rand entlang aus und benutzen Sie es als Schablone für den Zuschnitt des größeren Blatts aus grünem Filz.

5 Zeichnen Sie die Innenkontur des Blattes auf das Trägerpapier des Bügelvlieses und schneiden Sie die Form grob aus. Halten Sie sich an die Gebrauchsanweisung des Herstellers und bügeln Sie das Vlies mit dem warmen Bügeleisen (ohne Dampf!) mit der haftenden Seite auf Filz in einem anderen Grünton. Schneiden Sie das Blatt entlang der Bleistiftlinien aus.

6 Ziehen Sie das Trägerpapier von dem inneren Blatt ab. Legen Sie das große Blatt mit der rechten Seite nach oben vor sich und platzieren Sie das kleinere Blatt darauf. Bügeln Sie es mit dem warmen Bügeleisen (ohne Dampf) auf. Verwenden Sie bitte ein Bügeltuch.

EINE EICHEL NÄHEN

7 Verwenden Sie die 3 Schablonen von Seite 126 um den Kern und die Außenhaut aus dem hellbraunen gefilzten Wollstoff (Wollfilz) und die Kappe der Eichel aus dem dunkelbraunen gefilzten Wollstoff zuzuschneiden. Rollen Sie den Stoff für den inneren Kern der Länge nach auf und nähen Sie das kurze Ende mit passendem Nähgarn fest, damit sich nichts lockern kann. Nähen Sie mit Vorstichen entlang der Kante der Außenhaut und ziehen den Faden an, sodass sich der Rand aufstellt.

8 Stülpen Sie die Außenhaut über den inneren Kern, dann ziehen Sie den Faden straff an und verknoten die Enden. Nähen Sie noch ein paarmal durch die Eichel, damit die Teile fest miteinander verbunden werden.

9 Schneiden Sie 10 cm Schnur ab. Falten Sie sie auf die Hälfte und machen Sie etwa 2 cm unterhalb der Schlaufe einen Doppelknoten. Stechen Sie ein kleines Loch in die Mitte der Eichelkappe und schieben Sie die Schlaufe durch. Befestigen Sie die Schnur mit ein paar Stichen auf der Innenseite.

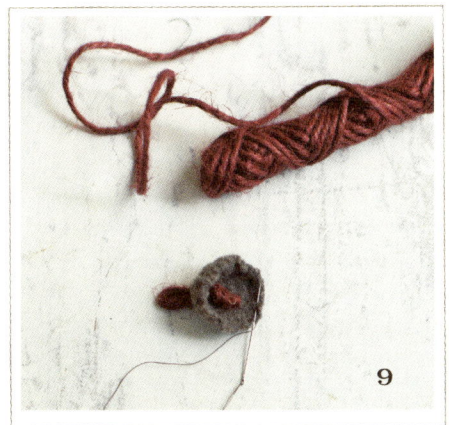

10 Ziehen Sie die Kappe ebenso zusammen, wie bei der Außenhaut in Schritt 7 beschrieben. Nun stopfen Sie die Kappe mit etwas Zauberwatte aus und stülpen sie so über die Unterseite der Eichel, dass die Naht der Außenhaut verdeckt wird. Nähen Sie die Kappe entlang der zusammengezogenen Kante fest an.

11 Anschließend schneiden Sie ein kleines Rechteck von 0,6 cm x 1,2 cm aus dem dunkelbraunen gefilzten Wollstoff zu, falten es auf die Hälfte und nähen es an die Oberseite der Eichel.

DIE GIRLANDE ZUSAMMENFÜGEN
Für jeden Meter Girlande benötigen Sie 6 Wimpel, 15 Blätter und 5 Eicheln.

12 Legen Sie den ersten Wimpel 10 cm vom Ende entfernt auf die linke Seite des Schrägbands. Positionieren Sie die Oberkante des Wimpels auf der Mittellinie des Schrägstreifens. Stecken Sie den Wimpel fest und schlagen Sie den Schrägstreifen so um, dass die unversäuberte Kante des Wimpels damit eingefasst wird, und heften Sie durch alle Stofflagen.

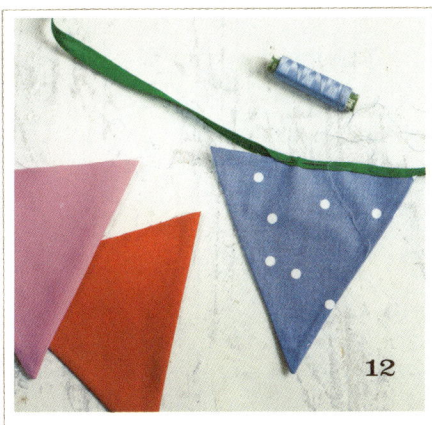

13 Nähen Sie 2 oder 3 Blätter in unterschiedlicher Farbkombination an den Schrägstreifen, dann wieder einen Wimpel. Fahren Sie so fort bis 10 cm vor dem Ende des Schrägstreifens.

14 Mit farblich passendem Garn schließen Sie die offenen Kanten des Schrägstreifens mit der Nähmaschine oder von Hand. Ergänzen Sie in willkürlichen Abständen Eicheln zwischen den Blättern und nähen Sie sie mit ein paar Stichen fest.

Indianerkopfschmuck

1 Streifen Wellpappe,
   60 cm x 4 cm, (die Wellen
   müssen quer verlaufen)
Transparenten Klebstoff
Grünen Bastelfilz, 30 cm x 10 cm
Bleistift und Lineal
Bügelvlies
Roten Bastelfilz, 15 cm x 10 cm
Zackenschere
Hellgelbe Zackenlitze, 60 cm
7 Knöpfe, 1,2 cm Ø
Kontrastierendes Nähgarn
10 lange Federn
Doppelseitiges Klebeband
Nähzeug

ZUSCHNEIDEN
Aus grünem Filz
Zwei Streifen, 30 cm x 4 cm

DAS STIRNBAND SCHMÜCKEN
1 Bestreichen Sie die glatte Seite der Wellpappe dünn mit Klebstoff. Kleben Sie die beiden Streifen aus grünem Filz so darauf, dass sie in der Mitte zusammenstoßen und das ganze Stirnband bedecken. Lassen Sie alles vollständig trocknen.

DIE DREIECKE ZEICHNEN/ANFERTIGEN
2 Zeichnen Sie eine Reihe von 7 Dreiecken von 3 cm x 6 cm Größe auf das Trägerpapier des Bügelvlieses. Richten Sie sich nach der Gebrauchsanweisung des Herstellers und übertragen Sie das Bügelvlies auf den roten Filz. Verwenden Sie ein Bügeltuch, um den empfindlichen Filz zu schützen. Schneiden Sie dann die Dreiecke entlang der Bleistiftlinien mit der Zackenschere aus.

DIE DREIECKE AUFBÜGELN

3 Ziehen Sie das Trägerpapier ab und legen Sie das erste Dreieck auf die Stoßkante der beiden grünen Filzstreifen. Positionieren Sie es mit der Spitze nach unten so auf dem Stirnband, dass die Basis mit der oberen Kante abschließt. Bügeln Sie es mit dem heißen Bügeleisen an. Vergessen Sie das Bügeltuch nicht! Bringen Sie rechts und links davon jeweils 3 weitere Dreiecke an, immer abwechselnd mit der Spitze oder der Basis nach oben. Lassen Sie einen Abstand von 3 cm zwischen den einzelnen Dreiecken.

DIE ZACKENLITZE ANBRINGEN

4 Beginnen Sie an der linken Seite des Stirnbands, Klebstoff zwischen den Dreiecken aufzutragen. Warten Sie, bis der Kleber fast trocken ist, und drücken Sie dann die Zackenlitze darauf, an jeder Spitze wird sie im rechten Winkel gefaltet. Jetzt schlagen Sie die Enden der Litze auf die Rückseite des Stirnbands und kleben sie fest.

DIE KNÖPFE ANNÄHEN

5 Nähen Sie jeweils einen Knopf auf die Falten der Zackenlitze. Verwenden Sie kontrastierendes Nähgarn und nähen Sie durch die Wellpappe.

DIE FEDERN ANBRINGEN

6 Beginnen Sie in der Mitte des Stirnbands und stecken Sie die Federn mit 2 cm Abstand in die Wellen der Wellpappe.

7 Passen Sie den Kopfschmuck an den Kopfumfang seines zukünftigen Trägers an und kleben Sie ihn mit Klebstoff oder doppelseitigem Klebeband zusammen.

Kuschelhase Boo

Gefilzten Wollstoff (Wollfilz) in:
Rehbraun, 50 cm x 50 cm
Creme, 15 cm x 25 cm
Pink, 10 cm x 15 cm (oder
Bastelfilz)
Kunstpelz oder Plüsch in Weiß,
5 cm x 5 cm
2 schwarze Augen für Plüschtiere,
1 cm Ø
2 Pfeifenreiniger, 20 cm lang
Farblich passendes Nähgarn
Baumwollsticktwist (6-fädig) in
Dunkelbraun
Knopflochgarn oder feines Baum-
wollgarn in Schwarz
Zauberwatte zum Ausstopfen von
Kuscheltieren
4 Plastikgelenke für Kuscheltiere,
2 cm Ø
Kleine Sticknadel
Nähzeug
Schablonen: Boo (siehe Seiten
127 – 129)

*Boo ist aus einem alten Wollpullover
gemacht. Waschen Sie ein Kleidungs-
stück, das aus 100 % Wolle besteht (und
das Sie nicht mehr tragen möchten) im
Kochwaschgang in der Waschmaschi-
ne, sodass es einläuft. Die Wolle verfilzt
dabei zu einem dichten Stoff, der nicht
mehr ausfranst.*

ZUSCHNEIDEN
Fotokopieren Sie die Schablonen von den
Seiten 127 – 129, um Ihr Papierschnitt-
muster herzustellen.

Aus dem rehfarbenen Wollfilz
2 Kopfseiten, 1 davon seitenverkehrt
1 Kopfkeil
2 Ohren, 1 davon seitenverkehrt
2 Körper, 1 davon seitenverkehrt
4 Arme, 2 davon seitenverkehrt
4 Beine, 2 davon seitenverkehrt
2 Sohlen

Aus dem cremefarbenen Wollfilz
2 Schnauzenseiten, 1 davon
seitenverkehrt
1 Schnauzenoberseite
2 Augen, 1 davon seitenverkehrt
1 Bauch

Aus dem pinkfarbenen Wollfilz
2 Ohreninnenseiten, 1 davon
seitenverkehrt
1 Nase

Aus dem weißen Kunstpelz oder Plüsch
1 Schwanz

Markieren Sie die Position der Glasaugen
auf beiden Kopfseitenteilen und den weißen Augen, ebenso wie die Position der
Gelenkscheiben auf den beiden Körpern,
an 2 Arm- und 2 Beinteilen. Stechen Sie
die Löcher vor.

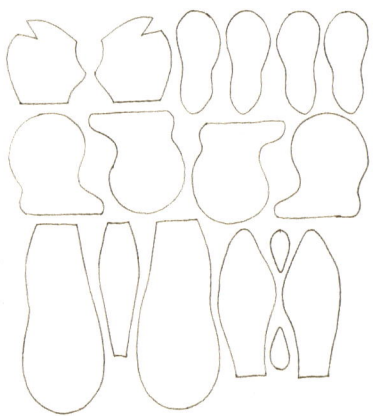

ZUSCHNEIDEPLAN

Boos Kopf nähen

1 Legen Sie die beiden Schnauzenseiten auf die Kopfseiten und nähen Sie sie von Hand mit kleinen Überwendlichstichen an. Schieben Sie den Dorn der Augen durch die vorgestochenen Löcher der cremefarbenen Augen und der Kopfseiten. Bringen Sie die Gelenkscheiben nach Anweisung des Herstellers an und nähen Sie die cremefarbenen Augen auf. Anschließend nähen Sie die Schnauzenoberseite auf die Spitze des Kopfkeils.

2 Biegen Sie ein Ende der Pfeifenreiniger um 1 cm um und biegen Sie dann die beiden Pfeifenreiniger auf die Hälfte, sodass sie 9 cm lang sind. Binden Sie die Enden mit Nähgarn zusammen, damit sie in Position gehalten werden und eventuell herausstehender Draht verdeckt wird. Nun legen Sie einen Pfeifenreiniger mittig der Länge nach auf das linke Ohr und stecken die linke Ohreninnenseite darüber. Nähen Sie den Rand der Ohreninnenseite auf das Ohr. Wiederholen Sie alle Arbeitsschritte bei dem rechten Ohr.

3 Falten Sie das linke Ohr auf die halbe Breite, die pinkfarbene Ohreninnenseite liegt innen. Fixieren Sie die Falte am geraden Ohransatz mit ein paar Stichen. Mit der braunen Außenseite nach oben (außen) stecken Sie nun den Ohransatz auf die linke Kopfseite. Das Ohr zeigt jetzt nach unten und setzt an der Unterkante des keilförmigen Einschnitts an. Nähen Sie das Ohr mit Überwendlichstichen an, dann schlagen Sie die Oberkante des Einschnitts darüber und nähen sie ebenfalls fest. Führen Sie die Nadel durch alle 4 Stoffschichten. Befestigen Sie das rechte Ohr auf dieselbe Weise an der rechten Kopfseite.

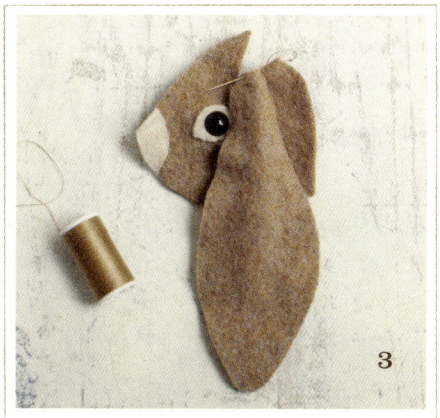

4 Nähen Sie je eine Kopfseite an eine Seite des Kopfkeils. Achten Sie darauf, dass die Schnauzenseiten mit dem Oberteil übereinstimmen. Arbeiten Sie vom Hinterkopf zur Schnauze hin. Fassen Sie die Innenkanten der Ohren mit in die Naht an der Kopfoberseite, so stehen sie später schön aufrecht.

Boos Gesicht aufsticken

5 Folgen Sie den Angaben des Schnittmusters von Seite 128 und nähen Sie die Nase auf. Mit allen 6 Fäden des braunen Sticktwists betonen Sie mit 2 geraden Stichen die Unterseite der Nase und sticken dann eine gerade Linie von der Nasenmitte nach unten und von diesem Punkt aus zwei Bögen für den Mund. Ergänzen Sie auf beiden Seiten der Schnauze ein paar Knötchenstiche. Definieren Sie die Augen mit 2 kleinen geraden Stichen an den äußeren Augenwinkeln. Die Schnurrhaare bestehen aus schwarzem Knopflochgarn, das fest in die Schnauze genäht wird. Stopfen Sie nun den Kopf fest mit Zauberwatte aus.

BOOS BEINE BEFESTIGEN

6 Nähen Sie eine Sohle so an eines der durchstochenen Beinteile, dass die Markierungen A und B aus dem Schnittmuster von Seite 129 an Sohle und Bein übereinstimmen. Stecken und nähen Sie dann das zweite undurchstochene Beinteil an; zwischen den Punkten C und D bleibt die Naht offen. Stopfen Sie den Fuß und den unteren Teil des Beins aus.

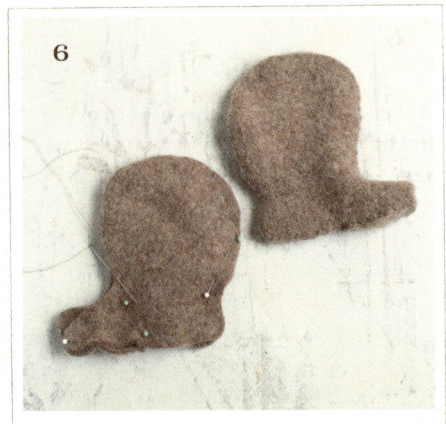

7 Stecken Sie den Dorn eines Drehgelenks zuerst durch das vorgestochene Loch im Bein und anschließend durch das entsprechende Loch im unteren Teil einer Körperhälfte. Bitte kontrollieren Sie noch einmal, dass die Fußspitze auch wirklich nach vorne zeigt! Bringen Sie dann die Gelenkscheibe nach Anweisung des Herstellers an. Danach nähen Sie die Hälfte der Öffnung oben am Bein zu, stopfen Füllwatte nach und schließen die Öffnung vollständig. Verfahren Sie mit dem zweiten Bein in derselben Weise.

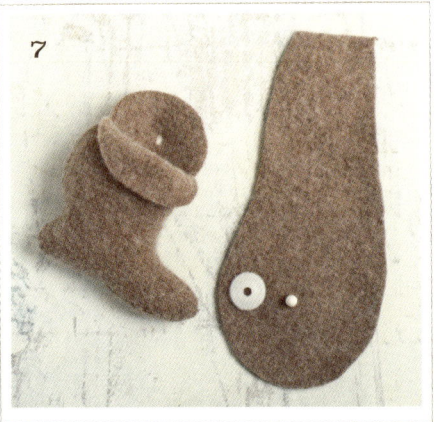

BOOS ARME ANBRINGEN

8 Nähen Sie ein gelochtes und ein ungelochtes Armteil zwischen den Markierungen A und B zusammen, wie im Schnittmuster auf Seite 129 angegeben. Stopfen Sie den unteren Teil des Arms mit Zauberwatte aus. Stecken Sie den Dorn eines Drehgelenks zuerst durch das vorgestochene Loch im Arm und anschließend durch das entsprechende Loch im oberen Teil einer Körperhälfte. Bitte überprüfen Sie noch einmal, ob der Arm auch wirklich nach vorne zeigt! Bringen Sie dann die Gelenkscheibe nach Anweisung des Herstellers an und fahren Sie fort wie bei der Befestigung des Beins. Verfahren Sie mit dem zweiten Arm auf dieselbe Weise.

9 Stecken Sie jetzt das Bauchteil von Punkt A bis Punkt B an die Vorderseite einer Körperhälfte, wie auf Seite 127—128 angegeben. Nähen Sie die Teile zusammen und befestigen Sie die andere Körperhälfte ebenso. Schließen Sie die Rückennaht von Punkt B über die Mitte bis zum Nacken. Stopfen Sie den Körper fest mit Zauberwatte aus.

10 Stecken Sie den Kopf an den Körper und nähen ihn gut an. Achten Sie darauf, dass Boo gerade nach vorne schaut. Damit der kleine Hase nicht irgendwann „den Kopf verliert", müssen Sie den Faden sorgfältig vernähen. Arbeiten Sie mit Knopflochstichen oder Überwendlichstichen und ziehen Sie den Faden gut an.

DIE LETZTEN FEINHEITEN

11 Nähen Sie mit kleinen Vorstichen am äußeren Rand des kleinen weißen Kreises. Ziehen Sie den Faden leicht an und füllen Sie das Schwänzchen mit etwas Zauberwatte. Dann ziehen Sie den Faden weiter zusammen, verknoten ihn und vernähen ihn sorgfältig. Nähen Sie das Schwänzchen fest an.

12 Mit dem dunkelbraunen Sticktwist ergänzen Sie drei gerade Stiche vorne an Armen und Beinen für Boos Krallen.

Heißluftballon-Mobile

SIE BENÖTIGEN:

Den inneren Ring eines Stickrahmens, 25 cm Ø

Transparenten Nylonfaden oder Angelschnur, 6 Stücke je 50 cm lang

Schweres farbiges Papier (240 g/m²), DIN A4, in verschiedenen Farben

Schere oder Cutter

Klebestift oder doppelseitiges Klebeband

Schablonen: Heißluftballon, Wolke und Vögel (siehe Seite 130)

1 Verwenden Sie die Schablone von Seite 130, übertragen Sie die Konturen und schneiden Sie die Heißluftballons aus dem bunten Papier aus. Sie brauchen 10–12 identische Formen für jeden Ballon. Falten Sie jeden Ballon der Länge nach auf die Hälfte.

2 Übertragen Sie die Konturen der Schablonen und schneiden Sie die Wolken aus weißem und die Vögel aus blauem Papier aus. Für diese zweidimensionalen Formen benötigen Sie je 2 identische Teile für Vorder- und Rückseite. Legen Sie einen Faden zwischen die beiden Teile und kleben Sie sie aufeinander.

3 Um die dreidimensionalen Heißluftballons zusammenzusetzen, verbinden Sie zwei aufeinanderpassende Formen, indem Sie die rechte Hälfte des einen Teils auf die linke des anderen kleben. Achten Sie darauf, dass die Kanten genau aufeinanderliegen. Fügen Sie immer weitere Teile hinzu. Bevor Sie die letzte Form ergän-

zen, legen Sie bitte einen Nylonfaden in die Mitte und kleben ihn fest.

4 Schneiden Sie einen dünnen Streifen aus farbigem Papier zu und kleben ihn um den unteren Teil des Heißluftballons, damit dieser seine Form behält.

5 Kleben Sie jetzt Ihre zwei- und dreidimensionalen Objekte an die Nylonfäden. Lassen Sie nach oben hin 25 cm frei.

6 Wenn alle Objekte aufgeklebt sind, binden Sie die Nylonfäden an den Stickrahmen und befestigen sie dort mit einem Doppelknoten. Achten Sie darauf, dass die Objekte gleichmäßig verteilt sind, damit Ihr Mobile später gerade hängt.

7 Hängen Sie das fertige Mobile mit Faden oder einem Band an die Decke.

Belles Wendy-Haus

Baumwollstoff in:
    Rehbraun, 50 x 50 cm
    Weiß, 140 cm x 140 cm
    Rot, 136 cm x 370 cm
    Schwarz, 80 cm x 40 cm
    Violett mit weißen Punkten,
        60 cm x 40 cm
    Lila, 60 cm x 80 cm
    Gelb, 80 cm x 50 cm
    Hellgrün, 30 cm x 10 cm
    Mittelgrün, 60 cm x 30 cm
    Hellgelb, 30 cm x 35 cm
Baumwollstoffreste in Pink, Violett
    und Rot, insgesamt 1 m x 1 m
Bügelvlies, 3,5 m x 3,5 m
40 cm Gurtband, 2 cm breit,
4 D-Ringe, 2 cm breit
Farblich passendes Nähgarn
Nähzeug
Schablonen: Dachziegel, Blumen-
    kasten, Blattwerk, Blüten und
    Blätter (siehe Seite 131)

Hängen Sie Belles Wendy-Haus über eine Wäscheleine im Garten und fertig ist das perfekte Spielzelt!

ZUSCHNEIDEN

Aus weißem Baumwollstoff
    2 Rechtecke, 135 cm x 68 cm,
        (für das Dach)

Aus rotem Baumwollstoff
    2 Rechtecke, 136 cm x 160 cm,
        (für die Hausvorder- und
        Rückseite)
    1 Streifen, 35 cm x 8 cm
        (für das Türfensterkreuz)
    1 Streifen, 30 cm x 8 cm
        (für das Türfensterkreuz)
    2 Streifen, 35 cm x 10 cm
        (für die Seiten des Türfensters)
    1 Streifen, 43 cm x 10 cm
        (für die obere Türkante)
    1 Rechteck, 45 cm x 35 cm
        (für die untere Türfüllung)

Aus schwarzem Baumwollstoff
    2 Quadrate, 35 cm x 35 cm
        (für die Fenster)
    1 Rechteck, 30 cm x 35 cm
        (für das Türfenster)

Aus violettem Baumwollstoff mit Punkten
    4 Rechtecke, 15 cm x 35 cm
        (für die Fenstergardinen)

Aus gelbem Baumwollstoff
    8 Streifen, 35 cm x 8 cm
        (für die Fensterrahmen)
    2 Streifen, 50 cm x 25 cm
        (für die Fensterstürze)
    2 Streifen, 75 cm x 10 cm
        (für den Türrahmen)
    1 Rechteck, 55 cm x 25 cm
        (für den Türsturz)

Aus hellgelbem Baumwollstoff
    2 Streifen, 15 cm x 35 cm
        (für die Türgardinen)

VORLAGE FÜR DIE ANORDNUNG

DAS DACH NÄHEN

1 Nähen Sie einen doppelt umgeschlagenen 2 cm breiten Saum an der Unterkante der beiden Rechtecke für das Dach. Bügeln Sie an den Seitenkanten einen doppelten Umschlag von 2 cm und falten Sie ihn wieder auseinander.

2 Zeichnen Sie 64 ganze Ziegel und 16 Ziegelunterhälften auf das Bügelvlies. Anschließend schneiden Sie die Formen grob zu, bügeln sie nach der Gebrauchsanweisung des Herstellers auf den pinkfarbenen, den violetten und den roten Stoff für

die Dachziegel und schneiden sie dann sorgfältig aus. Halbieren Sie 4 ganze Ziegel und 2 Ziegelunterhälften der Länge nach.

3 Fertigen Sie beide Dachhälften in derselben Weise an, variieren Sie die Farben in jeder Reihe. Beginnen Sie mit 1 cm Abstand von der inneren gebügelten Falte auf der linken Seite, lassen Sie unten einen Abstand von 3 cm. Bügeln Sie eine rechte Ziegelhälfte auf, anschließend 7 ganze Ziegel und zum Schluss eine linke Ziegelhälfte.

4 Versäubern Sie die unteren Kanten der Ziegel mit rotem Garn im Zickzackstich. Fügen Sie eine weitere Reihe Ziegel hinzu. 8 ganze Ziegel werden so in die Lücken der unteren Ziegelreihe gebügelt, dass der Ansatz verdeckt wird. Versäubern Sie die unteren Kanten wieder mit einem Zickzackstich. Arbeiten Sie die nächsten beiden Reihen in derselben Weise und ergänzen Sie zum Schluss am oberen Rand eine Reihe mit Ziegelunterhälften.

5 Schlagen Sie die Seitenkanten an den gebügelten Linien um, um die unversäuberten Seiten der Ziegel zu verdecken, stecken Sie den Stoff fest und nähen Sie ihn dann 3 mm von der Innenkante entfernt fest.

6 Nun stecken Sie die beiden Dachhälften an der Oberkante der letzen Ziegelreihe rechts auf rechts aufeinander, nähen sie mit 2 cm Nahtzugabe zusammen (siehe Seite 122) und bügeln dann die Naht auseinander.

DAS FENSTER NÄHEN

7 Säumen Sie je eine Längsseite der Gardinen und bügeln Sie den Stoff dann in drei Falten. Danach heften Sie die unversäuberten Kanten an die Seiten des Fensters und nähen sie fest. Bügeln Sie einen 2 cm breiten Umschlag an den beiden langen Seiten der 2 Fensterrahmen. Nähen Sie einen Streifen mittig senkrecht auf das

Fenster und einen zweiten waagerecht darüber, sodass ein Kreuz entsteht.

8 Bügeln Sie zwei Fensterrahmenstreifen der Länge nach auf die Hälfte. Stecken Sie sie entlang der unversäuberten Kante der Fensterseiten auf und nähen Sie sie mit 1 cm Abstand fest. Bügeln Sie die Fensterrahmen nach außen.

9 Jetzt bügeln Sie an den kurzen Seiten des Fenstersturzes einen Umschlag von 1,5 cm, falten das Rechteck der Länge nach auf die Hälfte und bügeln es erneut.

10 Zeichnen Sie sechs Blätter der Größe 3 und zwei Blüten der Größe 3 auf das Bügelvlies. Bügeln Sie die Blätter auf den hellgrünen und die Blüten auf den pinkfarbenen Baumwollstoff auf. Schneiden Sie die Formen entlang der Konturen aus und entfernen Sie dann das Trägerpapier.

Legen Sie das Rechteck für den Fenstersturz mit der gefalteten Kante nach hinten (oben) und der rechten Stoffseite nach oben vor sich auf die Arbeitsfläche. Nun bügeln Sie je 3 Blätter auf die Ecken des Fenstersturzes (siehe Vorlage für die Anordnung auf Seite 42) und versäubern die Kanten mit Zickzackstichen in Grün. Danach bügeln Sie die Blüten darüber und versäubern sie in Pink.

11 Stecken Sie nun den Fenstersturz rechts auf rechts an den oberen Fensterrand und nähen die Teile mit 1,5 cm Nahtzugabe zusammen. Schlagen Sie die Naht auseinander und bügeln Sie den Fenstersturz nach oben, sodass er sich über dem Fenster befindet.

DEN BLUMENKASTEN NÄHEN

12 Mithilfe der Schablone von Seite 131 übertragen Sie die Umrisse des Blattwerks im Blumenkasten auf den mittelgrünen Stoff. Zeichnen Sie 11 Blüten in Größe 1 und 9 unterschiedliche Blätter auf das Bügelvlies und schneiden Sie sie aus. Bügeln Sie die Blüten auf Stoffreste von den Dachziegeln, die Blätter auf den hellgrünen Stoff. Entfernen Sie das Trägerpapier, ordnen Sie die Formen innerhalb der Umrisslinien an und bügeln Sie sie auf. Versäubern Sie alle Kanten mit Zickzackstichen in farblich passendem Garn.

13 Bügeln Sie ein Stück Bügelvlies auf die Rückseite des mittelgrünen Baumwollstoffs und schneiden Sie das Blattwerk entlang der Umrisse aus. Schneiden Sie den Blumenkasten aus dem lilafarbenen Stoff zu und bügeln Sie einen Umschlag von 6 mm entlang der beiden Seiten und der Unterkante. Orientieren Sie sich an der Vorlage zur Anordnung auf Seite 42 und stecken Sie das Fenster auf die rechte Stoffseite einer roten Hauswand. Stecken Sie den Blumenkasten und das Blattwerk darauf.

14 Fertigen Sie in denselben Arbeitsschritten ein zweites Fenster an und stecken Sie es mittig auf die rückseitige Hauswand.

DIE TÜR NÄHEN

15 Arbeiten Sie das Türfenster wie das Fenster (siehe Schritt 7), allerdings mit hellgelben Gardinen und rotem Rahmen. Dann säumen Sie je eine Längsseite der Gardinen und bügeln den Stoff dann in drei Falten. Anschließend heften Sie die unversäuberten Kanten an die Seiten des Fensters und nähen sie fest. Bügeln Sie einen 2 cm breiten Umschlag an den beiden langen Seiten der zwei Fensterrahmen. Nähen Sie einen Streifen mittig senkrecht auf das Fenster und einen zweiten waagerecht darüber, sodass ein Kreuz entsteht.

16 Stecken und nähen Sie mit 1 cm Nahtzugabe den oberen roten Türrahmen rechts auf rechts auf die Oberkante des Fensters. Schlagen Sie den Türrahmen nach oben und bügeln Sie über die Kante. Anschließend stecken und nähen Sie, wieder rechts auf rechts mit 1 cm Nahtzugabe, die untere rote Türfüllung an die Unterkante des Fensters. Schlagen Sie das Fenster nach oben und bügeln Sie über die Kante.

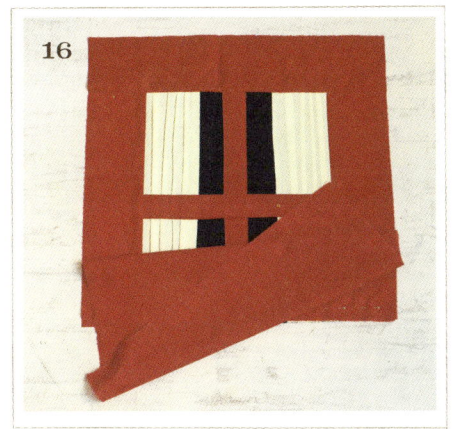

17 Bügeln Sie 2 gelbe Streifen für die Tür-pfosten der Länge nach auf die Hälfte. Legen und stecken Sie die Streifen mit den unversäuberten Kanten rechts auf rechts auf die unversäuberten Kanten des Türrahmens. Danach nähen Sie die Teile mit 1 cm Nahtzugabe zusammen, schlagen die Streifen zurück und bügeln den Rahmen flach.

Den Türsturz nähen

18 Jetzt bügeln Sie einen Umschlag von 1 cm auf beiden Seiten des Türsturzes, falten das Rechteck der Länge nach auf die Hälfte und bügeln es erneut. Zeichnen und positionieren Sie die Stiele entsprechend der Vorlage auf Seite 42. Mithilfe der Schablonen von Seite 131 zeichnen

Sie 2 Blüten der Größe 1, 2 Blüten der Größe 2, 1 Blüte der Größe 3 sowie 4 Blätter der Größe 1, 11 Blätter der Größe 2 und 4 Blätter der Größe 3 auf das Bügelvlies. Bügeln Sie die Blätter auf den hellgrünen und die Blüten auf die Stoff-reste der Dachziegel auf. Schneiden Sie die Formen entlang der Konturen aus und entfernen Sie dann das Trägerpapier. Positionieren Sie die Formen auf dem Türsturz und bügeln Sie sie auf. Versäubern Sie alle Außenkanten mit Zickzack-stichen in farblich passendem Garn.

19 Stecken Sie nun den Türsturz rechts auf rechts an den oberen Türrand und nähen die Teile mit 1,5 cm Nahtzugabe

zusammen. Schlagen Sie die Naht ausei-nander und bügeln Sie den Türsturz nach oben, sodass er sich über der Tür befindet. Stecken Sie die Tür so neben dem Fenster auf die Hauswand auf, dass Fenster- und Türsturz auf einer Linie liegen. Wenn Sie mit der Anordnung zufrieden sind, nähen Sie die Tür, das Fenster auf der Hausvor-derseite mit seinem Blumenkasten und das Fenster auf der Hausrückseite mit großen geraden Stichen auf. Bügeln Sie das Blatt-werk im Blumenkasten an und versäubern Sie die Kanten mit Zickzackstichen in grünem Nähgarn.

20 Bügeln und nähen Sie einen 3 cm brei-ten, doppelt eingeschlagenen Saum an der Unterkante des Hauses, um damit die Un-terkante der Tür zu versäubern. Arbeiten Sie die beiden Seitenkanten ebenso.

Zusammenfügen

21 Nähen Sie die beiden Haushälften links auf links an der Oberkante mit 2 cm Nahtzugabe zusammen. Bügeln Sie die Naht auseinander und legen Sie den Stoff auf eine gerade Arbeitsfläche. Positionie-ren Sie das Dach mit der rechten Stoffsei-te nach oben so auf der Naht, dass es auf beiden Haushälften gleich weit übersteht und die Mittelnähte aufeinanderliegen. Heften und nähen Sie dann die beiden Teile entlang der Nahtlinie zusammen.

Die Verankerungsringe befestigen

22 Schneiden Sie das Gurtband in 4 10 cm lange Stücke. Ziehen Sie jedes durch einen D-Ring. Schieben Sie die Enden der Gurtbänder in die Öffnungen unten an den Seitennähten.

Stecken Sie sie fest und nähen Sie durch alle vier Stoffschichten, damit sie auch sicher halten.

Kindermütze mit Bommel

Sie Benötigen:

Vierfädige Wolle oder Woll-
mischung, z. B. Debbie Bliss
Baby Cashmerino
Hauptfarbe: 1 50-g-Knäuel
in Petrol
Kontrastfarbe: 1 50-g-Knäuel
in Ecru
Je 1 Spiel Stricknadeln mit
2 Spitzen, 2,75 mm und 3,25 mm
Sticknadel
Pappe
Schere

GRÖSSE
für jeweils 2–4, 4–6 und 6–8 Jahre

MASCHENPROBE:
32 Maschen und 32 Reihen, glatt rechts
gestrickt mit 3,25-mm-Nadeln, ergeben
ein Quadrat von 10 cm.

ABKÜRZUNGEN:

HF	Hauptfarbe
KF	Kontrastfarbe
li	links
M	Masche(n)
Rd	Runde(n)
re	rechts
wdh	wiederholen
zun/Zun	zunehmen/Zunahme: dieselbe Masche einmal von vorn und einmal von hinten abstricken
zus-str	zusammenstricken: 2 M gleichzeitig abstricken

DIE MÜTZE STRICKEN
Schlagen Sie mit den
2,75-mm-Nadeln 104 (112, 118) M
in der KF an.
Verteilen Sie die Maschen gleichmäßig auf 4 Nadeln, mit der 5. Nadel
verbinden Sie die Maschen zur
Runde.

Achten Sie darauf, dass die Maschen nicht
verdreht sind, und arbeiten Sie wie folgt
weiter:
Rd 1: *1 M re, 1 M li, ab * wdh bis zum
Ende der Rd.
Wechseln Sie zur HF und stricken Sie
Rd 1 noch 3x.
Zun-Rd: * 2 M re, bei den nächsten 5 M
jeweils zun, ab * wdh bis zu den letzten
6 (0, 6) M, bei diesen M wieder zuneh-
men = 180 (192, 204) M.
Wechseln Sie zu den 3,25-mm-Nadeln
und stricken Sie 27 (28, 29) Rd.
1. Abn-Rd: * 4 M re, 2 M re zus-str, ab
* wdh bis zum Ende der Rd = 150 (160,
170) M.
Stricken Sie 13 Rd.
2. Abn-Rd: * 4 M re, 3 M re zus-str, 3 M
re, ab * wdh bis zum Ende der Rd = 120
(128, 136) M.
3. Abn-Rd: * 3 M re, 3 M re zus-str, 2 M
re, ab * wdh bis zum Ende der Rd = 90
(96, 102) M.
4. Abn-Rd: * 2 M re, 3 M re zus-str, 1 M
re, ab * wdh bis zum Ende der Rd = 60
(64, 68) M.
5. Abn-Rd: * 1 M re, 3 M re zus-str, ab *
wdh bis zum Ende der Rd = 30 (32, 34)
M.
6. Abn-Rd: * 2 M zus-str, ab * wdh bis
zum Ende der Rd = 15 (16, 17) M.
Schneiden Sie die Wolle ab, lassen jedoch
einen langen Faden übrig. Fädeln Sie diesen Wollfaden durch die verbliebenen 15
(16 bzw. 17) M.
Ziehen Sie den Faden straff zusammen
und nähen Sie ihn auf der Innenseite der
Mütze fest.

DEN BOMMEL ANFERTIGEN

1 Schneiden Sie 2 gleich große Scheiben aus Pappe zurecht, die etwas kleiner sind als der benötigte Bommel. Schneiden Sie gleich große Löcher in die Mitte jeder Scheibe und legen Sie die Scheiben aufeinander.

2 Fädeln Sie einen Faden der kontrastfarbenen Wolle in eine Sticknadel und wickeln Sie ihn fortlaufend durch das Loch in der Mitte und über die äußeren Ränder der beiden Kartenscheiben, bis das Loch vollständig geschlossen ist.

3 Schieben Sie die Spitzen einer Schere zwischen die äußeren Ränder der beiden Pappscheiben und schneiden Sie dazwischen die Wolle rundherum auf.

4 Um die Bommel fertigzustellen, ziehen Sie einen Wollfaden genau zwischen die beiden Pappringe und ziehen ihn dann straff zusammen. Danach entfernen Sie vorsichtig die Pappscheiben.

5 Zur Versäuberung des Bommels schneiden Sie alle losen Fadenenden ab. Nähen Sie den Bommel mit einem Stück Wolle oben an der Mütze fest, das an der Innenseite der Mütze vernäht wird.

Fäustlinge mit Schneeflocken

Was Sie benötigen:

4-fädige Wolle oder Wollmischung,
z. B. Debbie Bliss Baby
Cashmerino
Hauptfarbe: Ein 50-g-Knäuel in
Petrol
Kontrastfarbe: Ein 50-g-Knäuel in
Ecru
Ein Spiel Stricknadeln mit 2
Spitzen, 2,75 mm und 3,25 mm
Hilfsstricknadel/Maschenhalter
Sticknadel
Pappe
Schere

Grösse

für	2–3	4–5	6–7 Jahre
Breite	6,5 cm	7 cm	7,5 cm
Länge	14 cm	14 cm	14 cm

Maschenprobe:

32 Maschen und 32 Reihen, glatt rechts
gestrickt mit 3,25-mm-Nadeln, ergeben
ein Quadrat von 10 cm.

Abkürzungen:

HF	Hauptfarbe
KF	Kontrastfarbe
li	links
li verschr zun	links verschränkt zunehmen: Heben Sie den Querfaden auf die linke Nadel und stricken Sie diese M li ab.
M	Masche(n)
MM	Maschenmarkierer (setzen)
MM versetzen	den Ring auf die andere (rechte) Nadel rutschen lassen
Rd	Runde(n)
re	rechts
re verschr zun	rechts verschränkt zunehmen: Heben Sie den Querfaden auf die linke Nadel und stricken Sie diese M re ab.
wdh	wiederholen
zun/Zun	zunehmen/Zunahme
zus-str	zusammenstricken

Die Fäustlinge Stricken

Verwenden Sie 2,75-mm-Nadeln mit 2
Spitzen und Wolle in der Kontrastfarbe.
Schlagen Sie 36 (44, 52) M an. Verteilen
Sie die Maschen gleichmäßig auf 4 Nadeln und fahren Sie mit der 5. Nadel wie
folgt fort:

Rd 1: *1 M re, 1 M li, ab * wdh bis Ende
der Rd.

Wechseln Sie zu der HF, arbeiten Sie
weiter 1 M re, 1 M li (Rippen), bis die
Arbeit 4 cm lang ist.

Wechseln Sie zu einem Spiel von fünf
3,25-mm-Nadeln, stricken Sie 3 Rd.

Rd 1: 17 (21, 25) M re, MM setzen, 1 M
li verschr zun, 2 M re, 1 M re verschr zun,
MM setzen, 17 (21, 25) M re = 38 (46, 54)
M.

Rd 2: alle M re.

Rd 3: alle M re bis zum MM, MM versetzen, 1 M li verschr zun, re M bis zum
nächsten MM, 1 M re verschr zun, MM
versetzen, re M bis zum Ende der Rd = 40
(48, 56) M.

Wiederholen Sie die beiden letzten Rd
noch 5 x = 50 (58, 66) M.

Nächste Rd: 18 (22, 26) M re, übernehmen Sie die nächsten 14 M auf einen
Maschenhalter oder eingefädelt auf einen
Wollfaden, re M bis zum Ende der Rd.
Stricken Sie die auf den Nadeln verbleibenden 36 (44, 50) M weiter, bis die
Arbeit 4 (4,5; 5) cm von der Daumentrennung an misst.

Rd 1: ⁂ 2 M re, 2 M re zus-str, ab ⁑ wdh bis zum Ende der Rd = 27 (33, 39)

Rd 2: alle M re.

Rd 3: ⁂ 1 M re, 2 M re zus-str, ab ⁑ wdh bis zum Ende der Rd = 18 (22, 26) M.

Rd 4: alle M re.

Rd 5: ⁂ 2 M rezus-str, ab ⁑ wdh bis zum Ende der Rd = 9 (11, 13) M.

Rd 6: ⁂ 2 M re zus-str, wdh bis zur letzten M, 1 M re = 5 (6, 7) M.

Schneiden Sie die Wolle bis auf ein langes Fadenstück ab. Fädeln Sie dieses durch die verbleibenden M und ziehen Sie ihn zusammen, um die M zu schließen. Nähen Sie den Faden auf der Innenseite des Fäustlings fest.

Mit 3,25-mm-Nadeln übernehmen Sie die 14 M vom Maschenhalter. Markieren Sie die Rd und arbeiten mit neuer Wolle weiter. Stricken Sie, bis die Arbeit 2 cm misst.

Rd 1: ⁂ 2 M re zus-str, 2 M re, ab ⁑ wdh bis zu den letzten 2 M, diese zus-str = 10 M.

Rd 2: ⁂ 2 M re zus-str, ab ⁑ wdh. bis zum Ende = 5 M.

Lassen Sie wieder einen langen Faden überhängen, den Sie nach dem Zusammenziehen an der Innenseite des Daumens festnähen.

STICKVORLAGE FÜR DIE SCHNEEFLOCKEN

19 MASCHEN

DIE SCHNEEFLOCKEN AUFSTICKEN

1 Fädeln Sie das Garn in der Kontrastfarbe durch das Öhr der Sticknadel. In der Mitte des Handrückens des linken Handschuhs führen Sie dann die Nadel von innen nach außen, und zwar 6 Reihen vom Büdchen entfernt, sodass sie an der Unterseite der Masche austritt. Schieben Sie die Nadel von rechts nach links unter den beiden Maschendrähten der Masche hindurch, die oberhalb der Masche liegt, die überstickt werden soll.

2 Führen Sie die Nadel an der Unterseite der Masche, an der sie zuerst herauskam, wieder von der Außenseite zur Innenseite des Fäustlings, um den Stickstich zu vervollständigen. Bringen Sie die Nadel dann wieder an der Unterseite der darüberliegenden Masche von von innen nach außen.

3 Orientieren Sie sich an der unten stehenden Vorlage und fahren Sie fort, die Maschen zu übersticken, bis das Motiv fertiggestellt ist. Verfahren Sie mit dem rechten Fäustling ebenso.

DIE KORDEL STRICKEN

Mit den 3,25-mm-Nadeln (mit zwei Spitzen) schlagen Sie 3 M in der HF an.

3 M re. Wenden Sie die Arbeit jetzt nicht, sondern schieben Sie die M an das andere Ende der Nadel. Holen Sie den Faden über die Rückseite nach vorne und stricken Sie wieder die 3 M re.

Arbeiten Sie so weiter, bis die Kordel die gewünschte Länge hat. Nähen Sie die Kordelenden an die Innenseite der Fäustlinge, kurz unterhalb des Daumens.

DIE BOMMELN ANFERTIGEN

Folgen Sie der Anleitung von Seite 49 und fertigen Sie aus der Wolle in der KF 2 Bommeln an, die etwa 3 cm Durchmesser haben. Nähen Sie die fertigen Bommeln oben auf die Fäustlinge gleich oberhalb des Bündchens und schneiden Sie den Faden ab.

Zahnfee-Kissen

SIE BENÖTIGEN:

Baumwollstoff für Bettwäsche in
 Weiß, 110 cm x 35 cm
Auswaschbaren Textilmarker
1 großen Stickrahmen
Baumwollsticktwist (6-fädig) in
 Mittelbraun, Pink und Ecru
Baumwollstoff in Pink,
 12 cm x 15 cm
Farblich passendes Nähgarn
1 Knopf, 8 mm Ø
Zackenlitze in Pink, 35 cm
Kissenfüllung, 45 cm x 30 cm
Sticknadel
Nähzeug
Schablonen: Täschchen und Stick-
 vorlage für Boo (siehe Seite 132)

ZUSCHNEIDEN
Aus weißem Baumwollstoff
 Vorderseite, 50 cm x 32 cm
 Rückseite, 50 cm x 32 cm
Aus pinkfarbenem Baumwollstoff
 Zwei Täschchen (Seite 132)

BOO STICKEN
1 Übertragen Sie die Umrisse der Schablone von Boo auf Seite 132 auf die untere
rechte Ecke der Vorderseite. Verwenden
Sie dazu einen auswaschbaren Textilmarker (siehe Seite 120).

2 Spannen Sie den Stoff straff in den Stickrahmen ein und sticken Sie mit 2 Fäden
des Sticktwists in Ecru mit ineinander-
greifenden Plattstichen Boos Schwänzchen, Bauch, Schnäuzchen und die Au-
genumrandung aus. Die Ohrinnenseite
wird in derselben Technik mit 2 Fäden
des pinkfarbenen Sticktwists gearbeitet.
Ergänzen Sie noch ein paar kurze gerade
Stiche in Pink am äußeren Augenwinkel
und direkt über Boos Näschen.

3 Sticken Sie mit nur einem Faden des
braunen Sticktwists Boos Schnurrhaare mit Rückstichen, anschließend füllen
Sie mit 2 Fäden das Auge und sticken im
Stielstich die Umrisse des kleinen Hasen.
Arbeiten Sie mit kleinen geraden Stichen
bei Boos Schwänzchen, Bauch und allen
kurzen Linien. Ergänzen Sie zum Schluss
noch 2 winzige Stiche in Ecru für das
Glanzlicht in seinem Auge.

DAS TÄSCHCHEN NÄHEN
4 Heften Sie die beiden Taschenteile aufeinander und nähen Sie sie dann mit der Maschine in farblich passendem Nähgarn mit
3 mm Nahtzugabe zusammen, das untere
gerade Ende bleibt offen. Schneiden Sie
an jeder Ecke ein kleines Dreieck Stoff ab,
damit die Ecken glatt liegen, wenn das Teil
gewendet wird. Falten und bügeln Sie an
allen Seiten einen Umschlag von 5 mm um.

5 Nun drehen Sie das Täschchen auf rechts und stülpen die Ecken mit einem stumpfen Bleistift aus. Arbeiten Sie nach der Anleitung von Seite 121 eine Knopflochschlaufe an der Spitze und schließen Sie dann die offene Seite mit Staffierstichen. Jetzt schlagen Sie das kurze gerade Ende um 3,5 cm um und nähen die Seiten mit Überwendlichstichen zusammen, sodass eine Tasche entsteht. Nähen Sie den Knopf so auf die Vorderseite, dass er zu der Schlaufe passt, und schließen Sie das Täschchen.

6 Stecken Sie das Täschchen auf die Kissenvorderseite, direkt unter Boos Vorderpfoten. Nähen Sie es mit kleinen Stichen in passendem Nähgarn an.

DIE ZACKENLITZE ANNÄHEN

7 Schlagen Sie die linke Seite des Kissenvorderteils um 1 cm um und bügeln Sie über die Kante. Dann schlagen Sie sie noch einmal um 4 cm um und bügeln den Umschlag. Schieben Sie nun die Zackenlitze so unter den Umschlag, dass eine Wellenlinie darunter hervorschaut. Heften Sie die Teile durch alle Lagen und nähen Sie sie mit der Maschine 2 mm vom Rand entfernt zusammen.

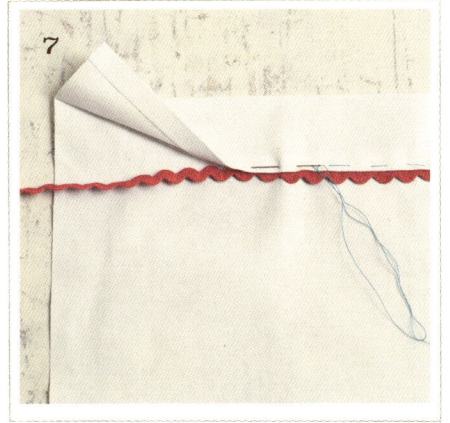

DEN KISSENBEZUG NÄHEN

8 Nähen Sie an einer kurzen Seite der Kissenrückseite einen einfachen 6 mm breiten Saum. Legen Sie nun Vorder- und Rückseite rechts auf rechts so aufeinander, dass die gesäumte Kante der Rückseite und die Kante mit der Zackenlitze des Vorderteils auf einer Seite liegen. Schlagen Sie die gesäumte Kante der Rückseite so weit um, dass sie genauso groß ist wie die Vorderseite, und stecken Sie dann 1 kurze und 2 lange Kanten aufeinander. Anschließend nähen Sie das Kissen an diesen 3 Seiten mit der Maschine und 6 mm Nahtzugabe zusammen. Kürzen Sie die Ecken diagonal ein und versäubern Sie die Naht mit Überwendlich- oder Zickzackstichen. Drehen Sie den Bezug auf rechts und bügeln Sie ihn.

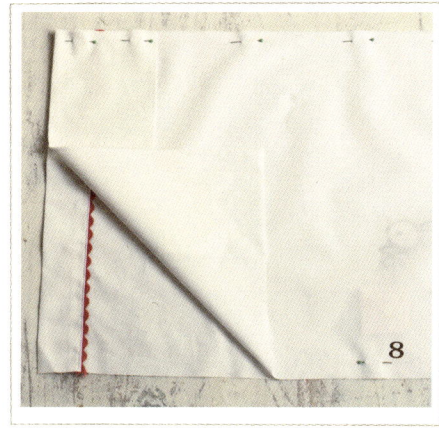

Hickelhäuschen-Matte

Baumwollstoff in Möbelstoffqualität
in Braun, 145 cm x 95 cm
Bleistift und Lineal
1 Stück Pappe, DIN A4
Kreidestift
Klebestift
1 Rolle Nahtband (Köperband)
in Creme, 2 cm breit
Farblich passendes Nähgarn
Bügelvlies, 50 cm x 30 cm
Reste von einfarbigem Baumwollstoff
(für die Zahlen)
Nähzeug
Schablone: Zahlen (siehe Seite 132)

SICHER IST SICHER: *Bitte legen Sie die Matte nur auf einen rauen Untergrund. Verwenden Sie sie im Freien oder auf einem Teppich, niemals auf glatten Böden. Ihr Kind könnte leicht ausrutschen und sich verletzen.*

DIE MATTE SÄUMEN

1 Bügeln und nähen Sie einen 15 mm breiten Saum um alle 4 Seiten des braunen Stoffs.

DIE KAROS ANZEICHNEN

2 Ziehen Sie 2 Linien auf der Pappe, um sie in Viertel aufzuteilen. So erhalten Sie Ihre Schablone für das Zeichnen der 8 Karos.

3 Falten Sie die Matte der Länge nach auf die Hälfte, um die Mittellinie festzulegen, und bügeln Sie leicht über die Falte. Legen Sie die Schablone quer 8 cm unterhalb der kurzen Seite so auf die Matte, dass die Mittellinie der Schablone auf der Mittelfalte liegt, und ziehen Sie die Umrisse der Pappe mit dem Kreidestift nach.

4 Nun positionieren Sie die Pappschablone an der unteren Kreidelinie und verschieben sie so weit nach links, dass die Mitte der Schablone mit der linken Seite des oberen Karos eine Linie bildet. Ziehen Sie die Umrisse der Pappe nach und verschieben Sie sie anschließend so weit nach rechts, dass die Mitte der Schablone mit der rechten Seite des oberen Karos auf einer Linie liegt. Ziehen Sie jetzt wieder die Umrisse der Pappe nach.

5 Orientieren Sie sich an der unten stehenden Vorlage zur Anordnung der 5 anderen Karos.

DAS NAHTBAND AUFNÄHEN
6 Kleben Sie das Nahtband vor dem Annähen mit dem Klebestift auf. Schneiden Sie 8 gleich lange Stücke zu und kleben Sie sie auf die vertikalen Kreidelinien der Karos „3", „4", „5", „6" und „7".

7 Schneiden Sie nun ein Stück Nahtband zu, das um Oberkante und Seitenkanten von Kasten „8" reicht. Beginnen Sie unten auf einer Seite und führen Sie das Band nach oben, über die Oberseite und auf der zweiten Seite wieder herunter. Falten Sie das Band an jeder Ecke in einem Winkel von 45 Grad, sodass sich eine saubere Briefecke ergibt. Rahmen Sie die Karos „1" und „2" mit einem einzigen Stück Nahtband. Beginnen Sie auf einer Seite oben, führen Sie das Band nach unten, über die Unterseite von Karo „1" und auf der zweiten Seite wieder herauf.

8 Jetzt schneiden Sie 4 gleich lange Stücke Band für die längeren horizontalen Linien zu und kleben sie auf die Kreidelinien und über die offenen Enden der anderen Begrenzungen. Zum Schluss benötigen Sie noch ein Stück Nahtband für die horizontale Linie zwischen Karo „1" und „2".

9 Mit cremefarbenem Nähgarn nähen Sie jetzt alle Bänder mit einem 3 mm breiten Zickzackstich auf.

DIE ZAHLEN ANFERTIGEN
10 Übertragen Sie die Zahlen mithilfe der Schablonen von Seite 132 auf das Trägerpapier des Bügelvlieses. Anschließend schneiden Sie sie grob aus, bügeln sie nach der Gebrauchsanweisung des Herstellers auf verschiedene farbige Stoffe und schneiden Sie dann sorgfältig entlang der Bleistiftlinien aus.

11 Ziehen Sie das Trägerpapier ab und bügeln Sie die Zahlen in den entsprechenden Karos auf. Vergleichen Sie die Anordnung sicherheitshalber noch einmal mit der nebenstehenden Vorlage. Versäubern Sie die Ränder aller Zahlen mit einem Zickzackstich mit jeweils farblich passendem Nähgarn.

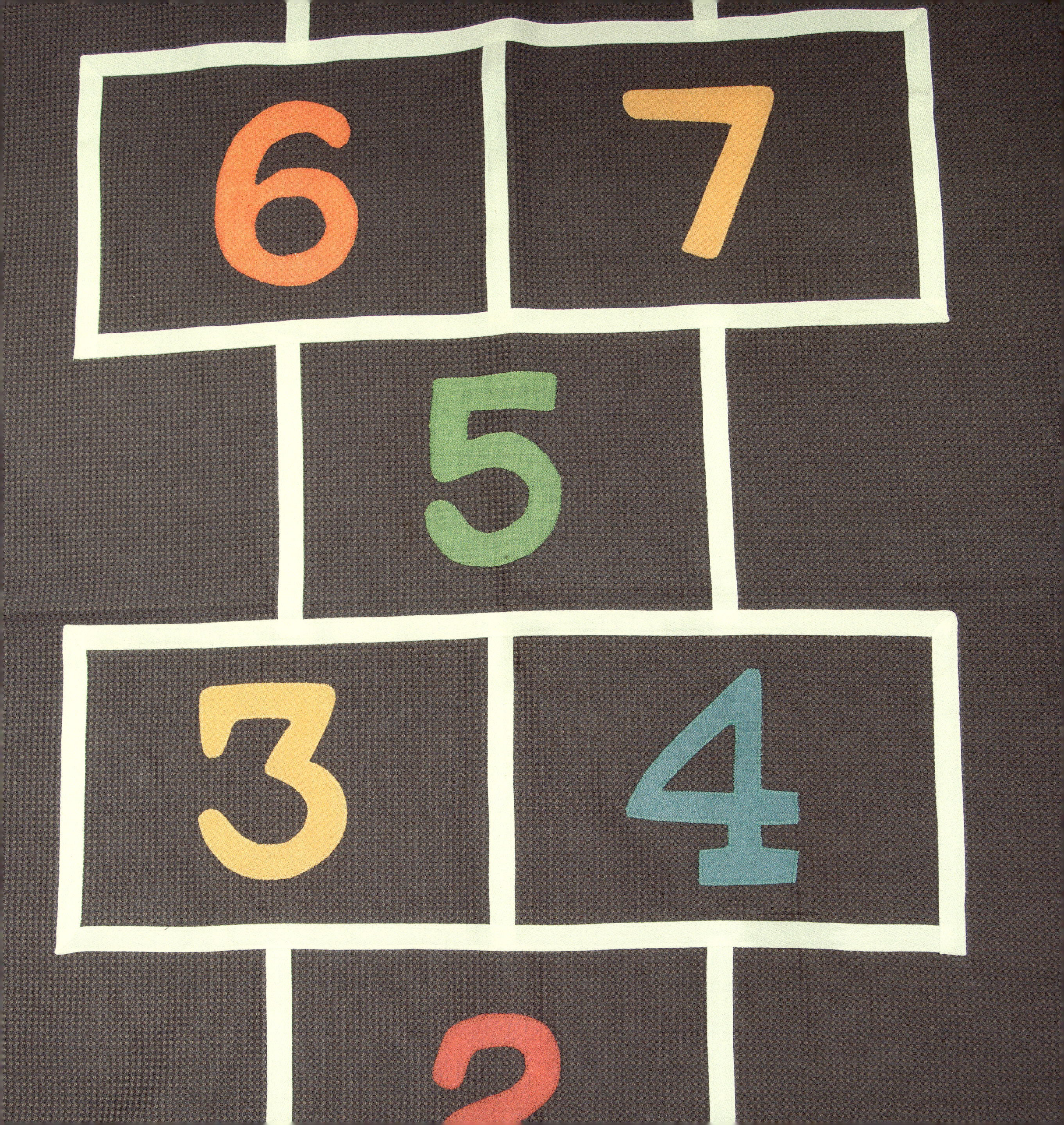
6
7
5
3
4
2

Forschertasche

Baumwollpopeline im Muster
„Classic Belle & Boo" oder
„Pirate Games", 150 cm x 60 cm
(für das Futter)
Stoff in Möbelstoffqualität,
150 cm x 60 cm
1 Rolle Schrägband, 2 cm breit,
(für die Einfassung)
10 cm Nahtband, 2 cm breit
5 D-Ringe, 2 cm breit
Auswaschbaren Textilmarker
Gurtband, 2,5 cm breit, 1 m
Farblich passendes Nähgarn
Nähzeug
Reißverschluss

*Geben Sie Ihrer Tasche eine
ganz persönlich Note, indem
Sie Ihren Lieblingsstoff von
Belle & Boo für das Fut-
ter verwenden und Details
verändern, zum Beispiel die
Einfassungen durch Naht-
band ersetzen oder D-Ringe
in anderen Farben wählen.*

ZUSCHNEIDEN

Aus dem Futterstoff
1 Vorderseite, 30 cm x 30 cm
1 Rückseite, 30 cm x 30 cm
1 Taschenklappe,
    30 cm x 30 cm
2 Seitenteile, 30 cm x 10 cm
1 Boden, 30 cm x 10 cm
1 Innentasche, 30 cm x 20 cm
2 Taschenklappen, 7 cm x
    12 cm
3 Vortaschen, 12 cm x 13 cm

Aus dem Möbelstoff
1 Vorderseite, 30 cm x 30 cm
1 Rückseite, 30 cm x 30 cm
1 Taschenklappe, 30 cm x 30 cm
2 Seitenteile, 30 cm x 10 cm
1 Boden, 30 cm x 10 cm
1 große Tasche, 30 cm x 20 cm
2 Taschenklappen, 7 cm x 12 cm
2 Vortaschen, 12 cm x 13 cm
2 Seitentaschen, 15 cm x 10 cm
1 Reißverschlussoberseite, 5 cm x 20 cm
1 Reißverschlussvorderseite, 15 cm x 20 cm
1 Reißverschlussrückseite, 20 cm x 20 cm
2 Laschen, 2,5 cm x 5 cm

FUTTER-STOFF

VORDERSEITE	RÜCKSEITE	TASCHENKLAPPE	SEITENTEIL	SEITENTEIL	BODEN

INNENTASCHE	TASCHEN-KLAPPE	TASCHEN-KLAPPE
	VOR-TASCHE	VOR-TASCHE

ZUSCHNEIDEPLAN

MÖBEL-STOFF

VORDERSEITE	RÜCKSEITE	TASCHENKLAPPE	SEITENTEIL	SEITENTEIL	BODEN

INNENTASCHE	TASCHEN-KLAPPE	TASCHEN-KLAPPE	SEITEN-TASCHE	SEITEN-TASCHE	REISSVERSCHLUSS-OBERSEITE	REISSVERSCHLUSS-RÜCKSEITE	ZWEI LASCHEN
	VOR-TASCHE	VOR-TASCHE			REISSVERSCHLUSS-VORDERSEITE		

DIE GROSSE TASCHE NÄHEN

1 Versäubern Sie die Kanten der beiden Vortaschen aus Möbelstoff mit Schrägstreifen. Falten Sie den Schrägstreifen an einer Seite auseinander und nähen Sie die offene Kante des Schrägstreifens an die unversäuberte obere Kante. Schlagen Sie dann den Schrägstreifen so über die Kante, dass sie eingefasst ist, und nähen Sie ihn an. Falten, bügeln und heften Sie dann einen 1 cm breiten Umschlag an den anderen Kanten der Taschen.

2 Für die beiden Taschenklappen ziehen Sie 2 cm Nahtband durch den D-Ring und heften dann die offenen Enden des Nahtbands auf die rechte Stoffseite der Taschenklappe aus Möbelstoff in der Mitte des unteren Endes. Legen Sie das Teil rechts auf rechts auf das Futter der Taschenklappe und heften Sie Futter und Oberstoff an den kurzen Seiten und am unteren Rand zusammen. Setzen Sie den Reißverschlussfuß an Ihrer Nähmaschine ein und nähen Sie 6 mm vom Rand entfernt von der Ecke entlang der kurzen Seiten und der Unterkante zusammen.

Die obere Kante bleibt offen. Kürzen Sie alle Ecken diagonal bis 2 mm vor der Nahtlinie ein und wenden Sie das Teil auf rechts.

3 Versäubern Sie auch die Oberkante der großen Tasche mit Schrägband. Anschlie-

ßend stecken und heften Sie die Vortaschen jeweils 3 cm von der unteren Kante und den beiden Seiten entfernt auf und nähen sie dann mit der Maschine knappkantig an. Legen Sie am oberen Ende der Naht noch ein paar Stiche extra darüber, um die Verbindung zu verstärken.

4 Heften Sie die Oberkante der Taschenklappen rechts auf rechts knapp über und in einer Linie mit der Oberkante der Vortaschen. Nähen Sie sie mit einem Zickzackstich an, der gleichzeitig die Kanten versäubert. Falten Sie die Taschenklappen über die Vortaschen und bügeln Sie die Naht flach. Heften Sie nun die große Tasche auf die Taschenvorderseite.

DIE SEITENTEILE NÄHEN

5 Ziehen Sie ein Stück Nahtband durch einen D-Ring und nähen Sie die Schlaufe wie oben beschrieben auf eine Seitentasche. Dann versäubern Sie die Oberkante beider Seitentaschen mit Schrägband, sodass die offenen Enden des Nahtbands verdeckt werden. Mit einem auswaschbaren Textilmarker zeichnen Sie 2 Linien auf der anderen Tasche an, parallel zu den Seitenkanten und in einem Abstand von 3,5 cm dazu. Steppen Sie mit 6 mm Nahtzugabe die Seiten und den Boden der Taschen auf die beiden Seitenteile.

Anschließend steppen Sie noch über die Linien, sodass die Bleistiftfächer entstehen.

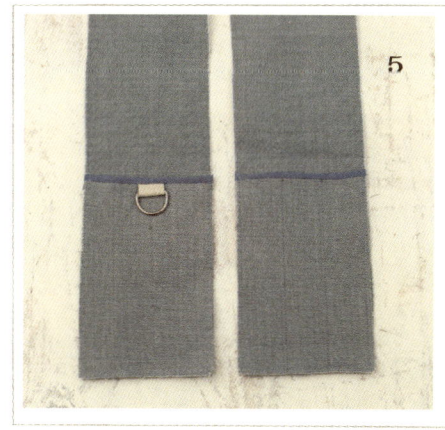

DIE TASCHE ZUSAMMENNÄHEN

6 Heften Sie nun die Unterkanten beider Seitenteile rechts auf rechts an die kurzen Enden des Bodens. Nähen Sie dann mit 1 cm Abstand jeweils eine Seite zusammen. Die Nähte bleiben oben jeweils 1 cm weit offen. Wiederum rechts auf rechts stecken Sie jetzt die Taschenvorderseite an die Seitenteile und den Boden. Nähen Sie die Teile mit 1 cm Nahtzugabe zusammen.

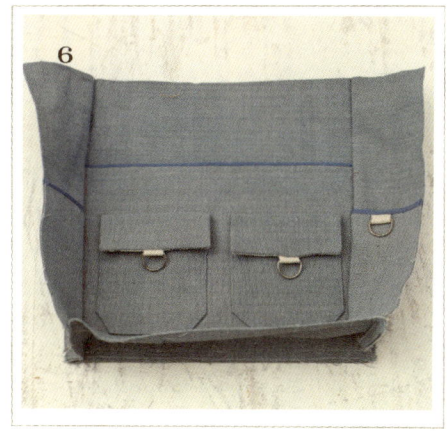

7 Jetzt nähen Sie die Taschenrückseite rechts auf rechts in derselben Weise an die Seitenteile und den Boden. Die Haupttasche ist jetzt komplett. Zum Schluss kürzen Sie die Ecken bis 2 mm von der Nahtlinie entfernt ein, drehen Sie die Tasche auf rechts und bügeln sie leicht.

8 Rechts auf rechts wird nun das Futter auf die Taschenklappe gesteckt und an den Seiten und der unteren Kante entlang geheftet. Oben bleibt die Klappe offen. Nähen Sie mit der Maschine mit 1 cm Nahtzugabe um alle Kanten, kürzen Sie die Ecken bis 2 mm vor der Nahtlinie ein und drehen Sie Ihre Arbeit auf rechts. Wieder rechts auf rechts stecken Sie die Oberkante mittig auf die Oberkante der Taschenrückseite und nähen die beiden Teile mit 6 mm Nahtzugabe zusammen.

DAS FUTTER NÄHEN
9 Fassen Sie die Oberkante der Innentasche mit Schrägband ein, bügeln Sie sie der Breite nach auf die Hälfte. Dann falten Sie die Tasche auseinander und stecken sie an die Unterkante des vorderen Futters. Steppen Sie mit der Maschine einmal entlang der Falte, um die Tasche in zwei Hälften aufzuteilen.

10 Nähen Sie die Ober- und Unterkante der Vorderseite der Reißverschlusstasche an den Reißverschluss. Stecken Sie sie rechts auf rechts auf die Rückseite. Nähen Sie mit der Maschine die Seiten und den Boden zusammen, oben bleibt die Tasche offen. Kürzen Sie die Ecken ein und drehen Sie die Tasche auf rechts. Nähen Sie die Oberkanten mit 6 mm Nahtzugabe zusammen. Nähen Sie die Tasche mittig an die Oberkante des rückwärtigen Futters.

11 Gehen Sie beim Zusammenfügen des Futters genauso vor wie beim Nähen der Tasche (Schritt 6–8). Arbeiten Sie dabei immer mit einer Nahtzugabe von 1 cm.

DIE TASCHE FERTIGSTELLEN
12 Legen Sie das Futter so in die Tasche, dass die Reißverschlusstasche sich hinten unter der Taschenklappe befindet. Legen Sie die Nähte aufeinander und heften Sie dann um den oberen Rand, damit nichts verrutscht. Nähen Sie die beiden Teile mit 1 cm Nahtzugabe zusammen. Kürzen Sie anschließend die Nahtzugabe auf 5 mm und fassen Sie die Oberkanten mit Schrägband ein, um sie zu versäubern.

13 Nähen Sie jetzt an jedem Ende des Gurtbands einen D-Ring fest. Bügeln Sie einen 15 mm breiten Saum an jeder Seitenkante der beiden Laschen. Statt der Laschen können Sie auch 10 cm Nahtband verwenden. Schieben Sie eine Lasche durch einen D-Ring und nähen Sie die umgeschlagenen unversäuberten Enden auf der Innenseite eines Seitenteils an. Befestigen Sie das andere Ende des Gurts an der anderen Taschenseite.

Piratenflagge

Schwarzen Baumwollstoff,
  70 cm x 55 cm
Bügelvlies
Weißen Baumwollstoff, 40 cm x 40 cm
Roten Baumwollstoff,
  30 cm x 20 cm
Farblich passendes Nähgarn
4 D-Ringe, 2 cm breit
Nähzeug
Bleistift
Schablonen: Totenkopf, Knochen
  und Initialen (siehe Seiten 124
  und 133)

ZUSCHNEIDEPLAN

ANORDNUNGSVORLAGE
1 Bügeln Sie an allen Kanten des schwarzen Baumwollstoffs einen Umschlag von 1 cm. Schlagen Sie die Kanten noch einmal um 2 cm um, bügeln Sie über den Rand und steppen Sie dann einen doppelt umgeschlagenen Saum.

DIE APPLIKATIONEN AUFNÄHEN
2 Mithilfe der Schablonen von Seite 133 zeichnen Sie den Totenkopf und 4 Knochen auf das Trägerpapier des Bügelvlieses. Bügeln Sie es nach der Gebrauchsanweisung des Herstellers auf den weißen Baumwollstoff und schneiden die Formen sorgfältig entlang der Bleistiftlinien aus.

3 Ziehen Sie das Trägerpapier ab und arrangieren Sie den Totenkopf und die Knochen auf der Flagge. Achten Sie darauf, dass genügend Platz für die Initialen bleibt. Orientieren Sie sich an der nebenstehenden Vorlage.

4 Wählen Sie auf Seite 124 passende Initialen aus und vergrößern Sie sie auf 10 cm. Legen Sie die Buchstaben spiegelverkehrt auf das Bügelvlies. Bügeln Sie sie mit der Haftseite auf den roten Baumwollstoff und schneiden Sie sie aus. Lösen Sie das Trägerpapier ab und positionieren

Sie die Initialen unterhalb des Totenkopfs und bügeln Sie sie auf.

5 Versäubern Sie die Kanten der Applikationen mit der Maschine mit 3 mm langen Plattstichen. Verwenden Sie rotes Nähgarn für die Buchstaben und weißes Garn für Schädel und Knochen.

DIE D-RINGE ANBRINGEN
6 Schneiden Sie aus dem verbleibenden roten Baumwollstoff einen 28 cm langen und 6 cm breiten Streifen zu. Falten Sie den Streifen der Länge nach auf die Hälfte, stecken Sie die offenen Kanten aufeinander und nähen Sie sie mit der Maschine mit farblich passendem Garn und 6 mm Nahtzugabe zusammen. Drehen Sie das Band auf rechts und bügeln Sie es so, dass die Naht hinten liegt. Schneiden Sie den Streifen in 4 7 cm lange Teile für die Schlaufe.

7 Ziehen Sie einen Streifen so durch einen D-Ring, dass die Naht innen liegt, falten Sie ihn auf die Hälfte. Stecken Sie die offenen Enden auf die linke Stoffseite einer Ecke der Flagge und nähen Sie sie entweder von Hand oder mit der Maschine an. Befestigen Sie die übrigen 3 D-Ringe auf dieselbe Weise.

Ballettbeutel/Ballerina-Beutel

Baumwollpopeline im Muster
„Ava & Friends", 80 cm x 50 cm
Baumwollstoff in Creme,
80 cm x 50 cm
2 Stücke Nahtband oder anderes
Band, 2,5 cm breit, 4 cm lang
2 D-Ringe, 2,5 cm breit
1 Stück Nahtband oder anderes
Band, 1,5 cm breit, 2,5 m lang
Sicherheitsnadel
Farblich passendes Nähgarn
Nähzeug

Bitte wählen Sie ein Garn, das farblich zum Oberstoff passt. Wir haben hier bewusst eine kontrastierende Farbe verwendet, damit man die Arbeitsschritte auf den Abbildungen besser erkennen kann.

ZUSCHNEIDEN
Aus Baumwollpopeline „Ava & Friends"
2 Rechtecke, 35 cm x 47 cm
(für die Außenseite)

Aus cremefarbenem Baumwollstoff
2 Rechtecke, 35 cm x 47 cm
(für das Futter)

NÄHTE
Bitte nähen Sie bei allen Arbeitsschritten mit 1 cm Nahtzugabe.

DIE D-RINGE BEFESTIGEN
1 Ziehen Sie eines der 4 cm langen Stücke von dem 2,5 cm breiten Band durch einen D-Ring und heften Sie die Enden zusammen. Legen Sie nun das Band so auf die rechte Stoffseite an der unteren Ecke des Oberstoffs, dass es mit der Stoffkante abschließt. Nähen Sie das Band 2 cm von der unteren Kante entfernt mit 6 mm

Nahtzugabe an. Befestigen Sie den zweiten D-Ring auf dieselbe Weise an der gegenüberliegenden unteren Ecke.

DIE NAHTLINIEN MARKIEREN
2 Schlagen Sie beide Rechtecke des Oberstoffs an der oberen Kante um 10 cm um und bügeln Sie über die Kante. Anschließend falten Sie den Stoff wieder auseinander, schlagen ihn dann um 7,5 cm um und bügeln über die Kante.

Der Stoff hat jetzt 2 Kniffe, einen 10 cm und einen zweiten 7,5 cm vom Rand entfernt, die Ihnen beim Nähen des Tunnelzugs die Nahtlinie vorgeben.

DIE TASCHENAUSSENSEITE NÄHEN

3 Stecken Sie die beiden Rechtecke des Oberstoffs rechts auf rechts aufeinander. Nähen Sie sie an beiden Seiten und der Unterseite zusammen. Bei dem 2,5 cm breiten Abstand zwischen den Kniffen, bleibt die Naht auf beiden Seiten offen.

4 Nun kürzen Sie die Ecken diagonal bis 3 mm vor der Nahtlinie ein, schlagen die Nahtzugabe auf beiden Seiten des Beutels nach innen und bügeln darüber.

DAS FUTTER NÄHEN

5 Stecken Sie die beiden Rechtecke des Futterstoffs rechts auf rechts aufeinander. Nähen Sie sie an beiden Seiten und der Unterseite zusammen, lassen Sie dabei die Naht in der Mitte der Unterseite 10 cm weit offen. Nun kürzen Sie die Ecken ein, schlagen die Nahtzugabe nach innen und bügeln darüber, genau wie beim Verarbeiten des Oberstoffs.

DEN BEUTEL ZUSAMMENFÜGEN

6 Jetzt drehen Sie den Beutel aus Oberstoff auf rechts und schieben ihn in das Futter. Bringen Sie die Kanten in Übereinstimmung und stecken Sie die Seitennähte aufeinander. Nähen Sie die Seiten bis auf die Lücke für den Tunnelzug zusammen.

JETZT WIRD'S KNIFFELIG

7 Nun müssen Sie das ganze Teil auf rechts drehen. Dazu fassen Sie durch die Öffnung an der Futterunterseite und ziehen den Oberstoff durch die Öffnung.

Stülpen Sie die Ecken des Futters aus und schließen Sie die Lücke in der unteren Naht von Hand oder mit der Maschine. Schieben Sie das Futter in den Beutel aus Oberstoff.

DEN TUNNELZUG NÄHEN

8 Steppen Sie entlang der eingebügelten Kniffe. Achten Sie darauf, wirklich nur jeweils eine Lage von Ober- und Futterstoff zusammenzunähen. Die Öffnung soll vollständig erhalten bleiben. Steppen Sie dann die Oberkante des Beutels knappkantig ab, damit die Naht sich nicht verziehen kann.

DIE BÄNDER EINZIEHEN

9 Schneiden Sie das 15 cm breite Band in der Mitte durch. Befestigen Sie eine Sicherheitsnadel an einem Ende des einen Bandes und schieben Sie sie durch die rechte Seite des Tunnels. Führen Sie sie an der linken Seite nach außen und schieben Sie sie dann durch den Tunnel auf der anderen Beutelseite, bis sie an der rechten Öffnung wieder herauskommt. Ziehen Sie die beiden Enden des Bands durch den D-Ring auf der rechten Beutelseite und nähen Sie die Enden gut zusammen.

Wiederholen Sie dieselben Arbeitsschritte mit dem zweiten Band, beginnen Sie hier mit der linken Öffnung.

Spielbuch

Leinen in Hellbeige, 40 cm x 20 cm
Leinen in Weiß, 90 cm x 20 cm
Baumwollstoff in:
  Orange, 20 cm x 10 cm
  Grün, 40 cm x 25 cm
  Türkis, 30 cm x 10 cm
  Rosa mit Pünktchen, 15 cm x 10 cm
  Gelb mit Pünktchen, 25 cm x 5 cm
Baumwollpopeline „Classic Belle & Boo",
  30 cm x 137 cm
Baumwollpopeline „Pirate Games",
  20 cm x 20 cm

20 cm Band in Pink, 4 mm breit
20 cm schmale/enge Zackenlitze in Weiß
25 cm breite Zackenlitze in Rehbraun
30 cm Spitze, 1 cm breit
30 cm Kordel in Braun, 3 mm Ø

Bastelfilz in:
  Rosa, 15 cm x 10 cm
  Hellbraun, 20 cm x 30 cm
  Orange, 10 cm x 5 cm
  Hellblau, 10 cm x 5 cm
  Lila, 10 cm x 5 cm
  Gelb, 20 cm x 10 cm
  Rot, 25 cm x 10 cm
  Schwarz, 10 cm x 10 cm

Sticktwist in Hellgrün, Gelb, Gold,
  Orange, Zitronengelb, Pink, Rot,
  Dunkeltürkis, Weiß, Lila, Dunkelbraun
  und Hellbraun

3 Cocktailklammern
3 Druckknöpfe
1 Knopf mit Stiel, 1 cm Ø
15 Knöpfe, 3 cm Ø
  (1 x in Orange, 2 x in Gelb, 3 x in Pink,
  4 x in Weiß, 5 x in Lila)
Reißverschluss, 15 cm
1 Zierknopf, 1 cm Ø

Bügelvlies
Schere
Auswaschbaren Textilmarker
Farblich passendes Nähgarn
Nähzeug
Schablonen: Zahlen, Haus, Bäume, Blät-
  ter, Schürze, Boo mit Schnüren, Luft-
  ballons, Tipi und Boo als Fingerpuppe
  (siehe Seiten 134 – 137)

TIPP: *Bitte verwenden Sie zum Bügeln der empfindlichen Filzteile immer ein Bügeltuch.*

ANORDNUNGSVORLAGEN

ZAHLEN: SEITE 1

ZUSCHNEIDEN
Aus hellbeigem Leinen
    1 Quadrat, 20 cm x 20 cm
Aus orangefarbenem Baumwollstoff
    1 Streifen, 20 cm x 7 cm

DIE SEITE NÄHEN
1 Legen Sie den orangefarbenen Baumwollstreifen mit der Längsseite rechts auf rechts so auf das Leinen, dass die Kanten sauber aufeinanderliegen. Stecken Sie ihn fest und nähen Sie dann die Stoffe mit 0,6 cm Nahtzugabe zusammen. Schlagen Sie den Stoff auf und bügeln Sie die Nahtzugabe auseinander.

DIE ZAHLEN AUFSTICKEN
2 Orientieren Sie sich an der Vorlage von Seite 74 und übertragen Sie die Umrisse der Zahlen von Seite 134 sowie die Positionen der Knöpfe auf die Vorderseite des Leinens. Übersticken Sie die Zahlenkonturen mit drei Fäden Sticktwist. Verwenden Sie Orange für die „1", Zitronengelb für die „2", Pink für die „3", Weiß für die „4" und Lila für die „5".

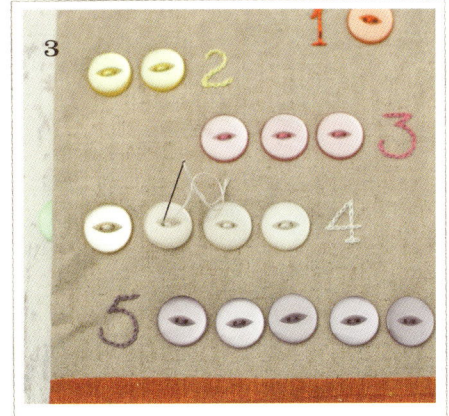

DIE KNÖPFE AUFNÄHEN
3 Nähen Sie die Knöpfe mit farblich passendem Garn fest auf den markierten Positionen an.

WENDY-HAUS: SEITE 2

ZUSCHNEIDEN
Aus weißem Leinen
    1 Quadrat, 20 cm x 20 cm
Aus grünem Baumwollstoff
    1 Streifen, 20 cm x 7 cm
Aus türkisfarbenem Baumwollstoff
    2 Streifen, 2 cm x 10 cm

1 Nähen Sie die Seite aus weißem Leinen und grünem Baumwollstoff wie für Seite 1 unter Schritt 1 beschrieben.

DIE TEILE VORBEREITEN
2 Verwenden Sie die Schablonen von Seite 135 und schneiden Sie die Tür und das Fenster aus schwarzem Filz zu. Anschließend übertragen Sie die anderen Formen des Hauses auf das Trägerpapier des Bügelvlieses und schneiden sie aus. Nach der Gebrauchsanweisung des Herstellers bügeln Sie die Hausfassade und die Haustür auf roten Filz, das Dach, den Dachfirst und die Gardinen auf pinkfarbenen Filz, Tür- und Fensterrahmen, das Fensterkreuz, den Blumenkasten und die Türgardinen auf gelben Filz. Schneiden Sie alle Teile sorgfältig aus.

3 Suchen Sie aus dem Stoffmuster „Classic Belle & Boo" zwei Motive aus, die von der Größe her in das Fenster und die Tür passen, und bügeln Sie auf der Rückseite Bügelvlies auf. Bügeln Sie einen schmalen Umschlag an beiden Längsseiten der türkisfarbenen Baumwollstreifen.

DAS HAUS AUFNÄHEN
4 Orientieren Sie sich bei diesem Schritt an der Vorlage von Seite 74. Positionieren Sie die Motive so auf dem weißen Leinen, dass sie sich hinter der Tür und dem Fenster befinden. Nach Anweisung des Herstellers bügeln Sie zuerst die Motive auf und anschließend die rote Hausfassade, die mit der Unterkante des weißen Leinens und den Motiven abschließt. Stecken Sie die beiden türkisfarbenen Streifen entlang der Hausseiten an.

Nun bügeln Sie das Dach auf, wobei eine weiße Lücke zwischen Dach und Fassade bestehen bleiben soll, die Enden der türkisfarbenen Streifen jedoch abgedeckt werden. Legen Sie die Zackenlitze auf die Oberkante des Dachs und schieben Sie die Unterkante der Litze unter den Dachfirst.

TÜR UND FENSTER ANBRINGEN
5 Bügeln Sie Tür- und Fensterrahmen sowie den Blumenkasten auf. Anschließend werden die pinkfarbenen Gardinen ent-

lang der seitlichen Fensterrahmen aufge-
bügelt, darüber kommt das Fensterkreuz.
Legen Sie die gelben Gardinen auf die
schwarze Tür unter das Fensterkreuz der
roten Tür. Bügeln Sie zuerst die Gardinen und dann die Tür auf. Fassen Sie das
Innere des Fensters und den Blumenkasten mit Knopflochstichen in Pink, die Tür
in Rot ein. Arbeiten Sie eine Knopflochschlaufe an die rote Haustür.

DETAILS AUSARBEITEN
6 Nähen Sie die Tür an der rechten Seite und das Fenster an der linken Seite an.

Mit einem Textilmarker zeichnen Sie die
Ziegel auf dem Dach an und sticken die
Konturen dann mit zwei Fäden des dun-
keltürkisfarbenen Sticktwists mit Rück-
stichen. Ergänzen Sie noch die Blüten und
Blätter im Blumenkasten und besticken
Sie Tür- und Fenstersturz.

WASCHTAG: SEITE 3 UND 4
ZUSCHNEIDEN
Aus weißem Leinen
    1 Rechteck, 38 cm x 20 cm
Aus grünem Baumwollstoff
    1 Streifen, 38 cm x 7 cm
Aus Baumwollstoff in Rosa
    2 Schürzen
Aus Baumwollstoff in Gelb
    1 Streifen, 15 cm x 5 cm
    (für einen Rock)

    1 Rechteck, 5 cm x 3,5 cm
    (für einen Latz)
Aus Baumwollstoff „Classic Belle & Boo"
    1 Quadrat, 12 cm x 12 cm

1 Nähen Sie die Seite aus weißem Leinen und grünem Bauwollstoff wie in
der Anleitung für Seite 1 unter Schritt 1
beschrieben.

DEN BAUM ANFERTIGEN
2 Mithilfe der Schablonen von Seite 136
übertragen Sie die beiden Bäume auf das
Trägerpapier des Bügelvlieses und schneiden sie dann grob aus. Nach der Gebrauchsanweisung des Herstellers bügeln
Sie das Vlies auf den hellbraunen Filz und
schneiden die Formen aus. Bügeln Sie
Baum 1 am Rand der linken und Baum 2
am Rand der rechten Seite auf.

DIE TASCHE AUFNÄHEN
3 Bügeln und nähen Sie einen 2 cm breiten
Saum an der Oberkante des Stoffs mit dem
Motiv von Belle & Boo. Bügeln Sie einen

Umschlag von 1 cm an den Seiten und der
Unterkante des Stoffs um. Heften Sie die
Tasche an den Seiten und der Unterkante
neben Baum 2 an. Die Unterkante schließt
mit der Kante des grünen Baumwollstoffs
ab, die rechte Seite mit dem Baumstamm.
Nähen Sie die Tasche auf.

DIE BLÄTTER STICKEN
4 Mit einem auswaschbaren Textilmarker
übertragen Sie die Konturen der Blätter

auf den weißen Stoff. Verteilen Sie 4 Blätter über den Himmel und ergänzen Sie 2
Eichenblätter am rechten Baum. Anschließend sticken Sie die Blätter mit Plattstichen auf. Verwenden Sie dazu 3 Fäden
Sticktwist in Orange oder Braun.

DIE KLEIDER NÄHEN
5 Stecken Sie die beiden Schürzen rechts
auf rechts aufeinander und nähen Sie sie
mit einer Nahtzugabe von 3 mm zusammen. Lassen Sie den Schürzenlatz offen
und drehen Sie die Schürze durch diese
Öffnung auf rechts. Bügeln Sie Ihre Arbeit. Dann schlagen Sie die offenen Kanten nach innen und schieben die Enden
eines 6 cm langen Stücks von dem rosafar-

benen/pinkfarbenen Band an den Ecken hinein; das wird das Nackenband. Schließen Sie die Öffnung mit Staffierstichen. Anschließend schneiden Sie das übrige Band in der Mitte durch und nähen jeweils ein Stück an der Rückseite an die Seiten der Schürze — das sind die Bindebänder. Mithilfe der Schablone von Seite 136 schneiden Sie eine Tasche aus rosafarbenem Filz aus und nähen sie mit Staffierstichen auf die Vorderseite der Schürze.

6 Für das Kleidchen nähen Sie die kurzen Enden des gelben gepunkteten Stoffs zusammen und bügeln an Ober- und Unterkante einen 6 mm breiten Umschlag um. Nähen Sie ein Stück Spitze an die Unterkante, drehen Sie den Rock auf rechts und bügeln Sie ihn so, dass die Naht auf der Rückseite liegt. Beginnen Sie auf einer Seite der Naht, nähen Sie mit Vorstichen um

die Oberkante des Rocks und ziehen Sie dann den Faden an, sodass die Taille eingekräuselt wird, verknoten Sie die Enden. Falten Sie den Latz der Länge nach auf die Hälfte, nähen Sie ihn an den Seitenkanten zusammen und drehen Sie ihn auf rechts. Bügeln Sie ihn so, dass die Naht hinten liegt. Schneiden Sie 2 8 cm lange Stücke Spitze ab und nähen Sie je eins an jeder Seite unten an die Vorderseite des Latzes, etwas schräg nach außen gerichtet. Über-

kreuzen Sie die Träger und nähen Sie sie an der Rückseite an den Rock.

BOO MIT LUFTBALLONS: SEITE 5
ZUSCHNEIDEN
Aus weißem Leinen
    1 Quadrat, 20 cm x 20 cm
Aus grünem Baumwollstoff
    1 Streifen, 20 cm x 7 cm
Aus farbigem Filz
    2 Ballons von jeder Farbe

1 Nähen Sie die Seite aus weißem Leinen und grünem Bauwollstoff wie in der Anleitung für Seite 1 unter Schritt 1 beschrieben.

DIE KONTUREN AUFSTICKEN
2 Mit einem Textilmarker übertragen Sie Boo, die Schnüre und die Markierungen für die Druckknöpfe mithilfe der Schablonen von Seite 137 auf die linke Seite der Buchseite. Boo sitzt auf der Kante des grünen Stoffs. Mit 2 Fäden des dunkelbraunen Sticktwists sticken Sie das Häschen mit Stielstichen. Arbeiten Sie die Schnüre der Luftballons in Lila, Blau und Orange mit Rückstichen.
3 Nähen Sie die Unterteile der Druckknöpfe an den Markierungen auf und die Oberteile an je einen Luftballon in jeder Farbe.

DIE LUFTBALLONS ANFERTIGEN
4 Stecken Sie je 2 Luftballons in einer Farbe aufeinander. Achten Sie darauf, dass

sich der Druckknopf außen befindet. Nähen Sie dann die Ballons mit Knopflochstichen am Rand aneinander. Verwenden Sie dazu immer 2 Fäden in farblich passendem Sticktwist.

5 Streuen Sie mit Millefleurs- und Knötchenstichen noch ein paar gelbe und weiße Blümchen über die grüne Wiese.

TIPI: SEITE 6

ZUSCHNEIDEN
Aus hellbeigem Leinen
    1 Quadrat, 20 cm x 20 cm
Aus türkisfarbenem Baumwollstoff
    1 Streifen, 20 cm x 7 cm
    1 Tipispitze
Aus Baumwollstoff "Pirate Games"
    2 Tipis, eins davon seitenverkehrt
Aus hellgrünem Filz
    2 Fingerpuppen Boo, eine davon seitenverkehrt

1 Nähen Sie die Seite aus hellbeigem Leinen und türkisfarbenem Baumwollstoff wie in der Anleitung für Seite 1 unter Schritt 1 beschrieben.

Das Tipi nähen

2 Bügeln Sie einen 6 mm breiten Umschlag entlang der diagonalen und langen geraden Seiten beider Tipis. Legen Sie den Reißverschluss so zwischen die beiden geraden Kanten, dass die Vorderseite des Reißverschlusses zur rechten Stoffseite gerichtet ist. Heften und nähen Sie den Reißverschluss an.

3 Heften Sie das Tipi so auf die Mitte der Seite, dass es unten mit der Kante des türkisfarbenen Stoffs abschließt. Nähen Sie das Tipi auf allen 3 Seiten mit einer Nahtzugabe von 3 mm an. Stecken und nähen Sie dann die Zackenlitze über die Unterkante des Tipis. Schlagen Sie die Enden sauber um. Bügeln Sie die Kanten der Tipispitze um und nähen Sie sie oben auf der Seite an. Verdecken Sie den Ansatz mit einem kleinen Stück Zackenlitze.

Die Fingerpuppe nähen

4 Verwenden Sie die Schablonen von Seite 137, übertragen Sie damit Boos Ohren und Bauch auf Bügelvlies und bügeln Sie die Teile auf rosafarbenen Filz auf. Anschließend schneiden Sie sie aus, entfernen das Trägerpapier und bügeln sie auf eine Seite der Fingerpuppe auf. Sticken Sie die Gesichtszüge mit dunkelbraunem Sticktwist auf.

Stecken Sie die zweite Seite der Fingerpuppe auf die Rückseite der ersten und nähen Sie die beiden Teile mit Knopfloch-

stichen zusammen – die Unterseite bleibt offen. Setzen Sie Boo in das Tipi und schließen Sie den Reißverschluss.

Das Buch zusammenfügen
Zuschneiden
Aus Baumwollstoff „Classic Belle & Boo"
1 Rechteck, 38 cm x 20 cm

1 Stecken Sie rechts auf rechts die linke Kante von Seite 6 an die rechte Kante von Seite 1. Nähen Sie die Teile mit 1 cm Nahtzugabe zusammen, an einer Seite bleibt die

Naht 5 cm offen. Bügeln Sie die Nahtzugabe um.

2 Legen und stecken Sie die Seiten rechts auf rechts auf den Einband und nähen Sie mit 1 cm Nahtzugabe um die Kanten. Kürzen Sie die Ecken diagonal ein. Durch die Öffnung zwischen den Seiten wenden Sie den Stoff anschließend auf rechts. Stülpen Sie die Ecken sauber aus und bügeln Sie die Naht. Schließen Sie die Öffnung mit Staffierstichen.

3 Nähen Sie die Seiten 2 und 5 wie in Schritt 1 beschrieben zusammen. Nähen Sie dann diese Seiten an die Doppelseite 3 und 4 wie in Schritt 2 beschrieben. Legen und stecken Sie die 2 Lagen so zusammen, dass die Seiten 1 und 6 den Seiten 2 und 5 gegenüberliegen. Jetzt sollten die Buchseiten in der richtigen Reihenfolge und der Einband sollte außen sein.
Nähen Sie das Buch am Buchrücken zusammen. Ganz zum Schluss wird die braune Kordel an die Äste der Bäume auf der Mittelseite genäht.

Jetzt können Sie das Kleid und die Schürze mit Cocktailklammern zum Trocknen auf die Leine hängen.

Belohnungsdrachen

1 Blatt farbiges Papier, einfarbig
und gemustert
Spitzen Bleistift
Cutter oder Schere
Metalllineal
1 Stück Jutekordel
Transparenten Klebstoff oder
Sprühkleber
Farbige Bänder, einfarbig und
kariert
Schablone: Drachen
(siehe Seite 139)

DIE DRACHENGRUNDFORM HERSTELLEN

1 Mit einem Fotokopiergerät vergrößern
Sie die Schablone von Seite 139 auf das
gewünschte Maß. Für einen Drachen in
DIN-A4-Format wählen Sie zum Beispiel
den Vergrößerungsfaktor 350 %.

Schneiden Sie den Drachen sorgfältig
zu. Legen Sie die Schablone auf die Mitte der Leichtstoffplatte und ziehen Sie die
Umrisse leicht mit einem spitzen Bleistift
nach. Mit einem Cutter und einem Metalllineal schneiden Sie die Form aus der
Leichtstoffplatte heraus. Wenn Sie nun
die vergrößerte Schablone an den Markierungen in 4 Teile schneiden, erhalten
Sie die Schablonen, die Sie für den Zuschnitt des bunten und gemusterten Pa-
piers benötigen.

DEN DRACHEN BEKLEBEN

2 Legen Sie den Drachen auf das Papier,
das Sie als Hintergrundfarbe gewählt haben, und ziehen Sie die Konturen mit einem spitzen Bleistift nach. Schneiden Sie
dann die Papierform dicht innerhalb der
Bleistiftlinie aus. Mit transparentem Klebstoff oder Sprühkleber wird das Papier
nun passgenau auf die Leichtstoffplatte
geklebt.

3 Mithilfe der Schablonen für die Dra-
chensegmente zeichnen Sie nun die Umrisse auf dem gewünschten einfarbigen
oder gemusterten Papier an und schneiden Sie aus. Kleben Sie die Segmente
an den entsprechenden Stellen auf den
Drachen.

DEN DRACHENSCHWANZ HINZUFÜGEN

4 Schneiden Sie ein Stück Schnur ab, das
etwa doppelt so lang ist wie die Längsach-
se des Drachens und kleben Sie das eine
Ende mit transparentem Klebstoff auf die
Rückseite des Drachens.

EINE SCHLEIFE ALS BELOHNUNG

5 Halten Sie eine Auswahl von bunten
Bändern bereit. Immer, wenn Ihr Kind
eine Belohnung verdient hat, schneiden
Sie etwa 20 cm von einem besonders hüb-
schen Band ab und binden es als Schleife
an den Drachenschwanz.

Kamera-Tasche

Bastelfilz in:
  Dunkelblau, 30 cm x 20 cm
  Dunkelgrau, 15 cm x 10 cm
  Hellgrau, 30 cm x 20 cm
  Hellblau, 8 cm x 6 cm
Bügelvlies
Sticktwist in Dunkelblau, Mittel-
  grau, Hellgrau und Weiß
1 Knopf, 3 cm Ø
1 Druckknopf
Kleine Knöpfe (etwa 1 cm Ø) in Rot
  und Grau
Nylonreißverschluss in Rot, 15 cm
  lang
80 cm Band in Schwarz, 1 cm breit
1 Streifen dünne Pappe,
  15 cm x 2 cm
Schablonen: Kameragrundform
  (mit Schlitz), Kameravorderseite,
  kleiner Kreis mit abgesteppten
  Linien, großer Kreis, Sucher,
  Filmtransporthebel (siehe
  Seite 138)

ZUSCHNEIDEN

Aus Bügelvlies

Übertragen Sie auf das Trägerpapier 2
Kameragrundformen (eine davon seitenverkehrt und mit einem Schlitz), 1 Kameravorderseite, 1 großen und 2 kleine
Kreise, 1 Sucher und 1 Filmtransporthebel und schneiden Sie die Formen
dann grob aus.

Bügeln Sie gemäß den Herstelleranga-
ben beide Grundformen und einen kleinen Kreis auf den dunkelblauen Filz.
Anschließend bügeln Sie die Kameravorderseite auf den dunkelgrauen Filz, den
großen Kreis und den Filmtransporthebel
auf den hellgrauen und dann den zweiten kleinen Kreis und den Sucher auf den
hellblauen Filz. Schneiden Sie alle Teile
entlang der Bleistiftlinien aus.

Aus hellgrauem Filz

  2 Rechtecke, 12 cm x 8 cm
  (für das Futter)

ANORDNUNGSVORLAGE

DIE VORDERSEITE ZUSAMMENFÜGEN

1 Ziehen Sie von allen Teilen, außer den
beiden Kameragrundformen, das Trägerpapier ab. Schützen Sie den empfindlichen Filz mit einem Baumwolltuch und
bügeln Sie dann nach Anweisung des
Herstellers die Kameravorderseite auf
eine der beiden Grundformen, ergänzen
Sie die drei Kreise, den Sucher und den
Filmtransporthebel. Orientieren Sie sich
dabei bitte an der Anordnungsvorlage
links.

DIE KANTEN EINFASSEN

2 Entfernen Sie das Trägerpapier von der
Rückseite des Kameravorderteils. Jedes
Einzelteil ist mit Knopflochstichen ein-
gefasst. Eine Anleitung für das Arbeiten
von Knopflochstichen finden Sie auf Sei-
te 121. Verwendet werden je 3 Fäden des
Sticktwists, in Dunkelblau für den großen
Kreis, in Hellgrau für den kleinen Kreis.
Die Ränder der Kameravorderseite wer-
den mit mittelgrauem Faden eingefasst.

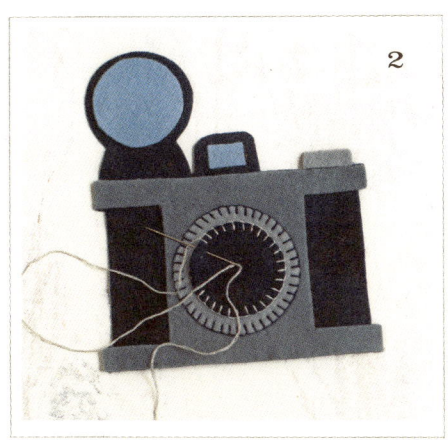

DEN REISSVERSCHLUSS EINNÄHEN

4 Schneiden Sie den schraffierten Schlitz entsprechend der Schablone von Seite 138 aus der zweiten Grundform aus und ziehen Sie das Trägerpapier ab. Kürzen Sie das Ende des Reißverschlusses, sodass er gut in die Öffnung passt. Fügen Sie den Reißverschluss so ein, dass seine Vorderseite im Schlitz der Kamerarückseite zu sehen ist. Stecken Sie ihn fest und nähen Sie ihn ein.

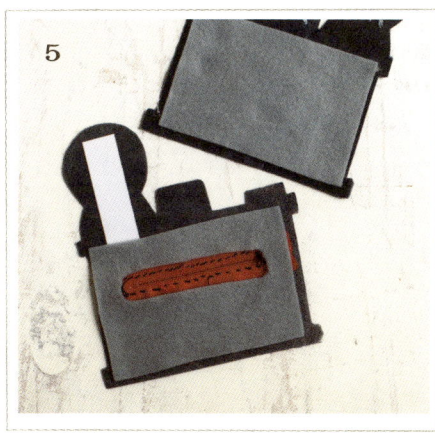

DIE TASCHE ZUSAMMENFÜGEN

6 Links auf links legen Sie nun Vorder- und Rückseite möglichst exakt aufeinander. Verwenden Sie ein Bügeltuch und bügeln Sie dann vorsichtig über die Kamera, um die beiden Teile mit dem Bügelvlies zu verschmelzen. Anschließend schneiden Sie die Kanten so zurecht, dass sie wirklich exakt aufeinanderpassen.

3 Zeichnen Sie die Linien, die durch den Mittelpunkt des kleinen hellblauen Kreises verlaufen, mit Lineal und dem Bleistift zart vor. Sehen Sie sich dazu die Vorlage auf Seite 84 noch einmal an. Sticken Sie die Linien mit 3 Fäden des weißen Sticktwists in Rückstichen. Fassen Sie den Kreis mit hellblauem Faden und Knopflochstichen ein, den Sucher ebenfalls.

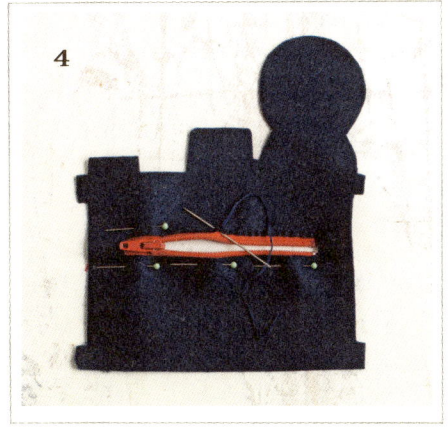

DIE TASCHE FÜTTERN

5 Kleben Sie den Pappstreifen von hinten an das Blitzlicht, um es zu stabilisieren. Schneiden Sie einen Schlitz in Größe des Reißverschlusses in eines der Futterteile. Anschließend bügeln Sie die Futterteile jeweils auf die Rückseite der Kameravorderseite und -rückseite. Für ein genaues Ergebnis arbeiten Sie am besten nur mit der Spitze des Bügeleisens.

7 Wie zuvor fassen Sie die Kanten mit Knopflochstichen ein. Für das Blitzlicht, den Sucher und die dunkelblauen Schmalseiten der Kamera benutzen Sie bitte dunkelblauen Faden, für Ober- und Unterkante und die dunkelgrauen Seitenteile nehmen Sie Mittelgrau, für den Sucher Weiß.

8 Jetzt nähen Sie das Unterteil des Druckknopfs auf die Mitte des Blitzlichts, die beiden kleinen Knöpfe auf die linke Seite der Kamera und den großen Knopf auf die Mitte des Objektivs.

9 Zum Schluss nähen Sie noch das Band rechts und links oben an die Rückseite der „Kamera", damit man sie bequem und sicher umhängen kann.

Nachziehelefant

SIE BENÖTIGEN:

Für den Elefanten
Baumwollstoff in Braun,
   60 cm x 50 cm
Transparentes Lineal
Auswaschbaren Textilmarker
2 Augen für Kuscheltiere
   (kindersicher) oder 2 Knöpfe,
   6 mm Ø
Zauberwatte
1 Stück Baumwollschnur,
   60 cm lang
1 Stück Band mit Pünktchen
Farblich passendes Nähgarn
Nähzeug
Stricknadel
Schablonen: Körper, Kopfkeil,
   Körperunterseite und Ohren
   (siehe Seite 139)

Für das Fahrgestell
4 lange Nägel mit flachem Kopf
4 Spielzeugräder oder Holzschei-
   ben, 3 cm Ø, mit einem Loch in
   der Mitte
Holzleim
2 Holzstücke, je 6 cm x 1,5 cm x
   1,5 cm (für die Achsen)
2 Holzstücke, je 6 cm x 1,5 cm x
   1,2 cm
1 Holzrechteck, 6 cm x 20 cm x
   1,2 cm
1 kleine Schrauböse
1 Stück Schnur, 1 m lang
Heißklebepistole

ZUSCHNEIDEN
Die Körperunterseite schneiden Sie bitte entlang der gestrichelten Linie in der Körpermitte zu.

Aus dem braunen Baumwollstoff
   2 Körper, 1 davon seitenverkehrt
   1 Kopfkeil
   2 Körperunterseiten, 1 davon
     seitenverkehrt
   4 Ohren, 2 davon seitenverkehrt

MARKIERUNGEN ANBRINGEN
Beim Körper
   Übertragen Sie die Linien für die
   Abnäher und die Punkte A und B
   Markieren Sie die Position von
   Augen und Ohren
Bei den Ohren
   Markieren Sie Anfang und Ende der
   Kräuselung

NÄHTE
Die Nahtzugabe beträgt durchgängig 6 mm. Markieren Sie mithilfe des Lineals und einem auswaschbaren Textilmarker die Nahtlinien auf jedem Teil 6 mm von der Kante entfernt. Verstärken Sie Anfang und Ende der Nähte mit ein paar Stichen in entgegengesetzter Richtung.

ZUSCHNEIDEPLAN

Wir haben für den Elefanten kontrastierendes Nähgarn benutzt, damit man die Nähte gut erkennen kann. Sie sollten jedoch farblich passendes Garn verwenden.

DIE ABNÄHER NÄHEN

1 Falten Sie das Körperteil so zusammen, dass die Enden der Abnäherlinien rechts auf rechts aufeinanderliegen. Nähen Sie entlang der markierten Linie. Arbeiten Sie die andere Körperhälfte nach derselben Methode.

DEN KOPFKEIL ANSETZEN

2 Stecken Sie den Kopfkeil rechts auf rechts auf eine Körperhälfte. Punkt A und B auf der Nahtlinie des Keils müssen auf die Markierungen A und B auf dem Elefantenkopf liegen (siehe Schablone Seite 139). Heften Sie die Teile aufeinander und nähen Sie sie dann mit der Maschine zusammen; die Nahtzugabe an beiden Seiten des Keils bleibt offen.

DIE KÖRPERUNTERSEITE HINZUFÜGEN

3 Stecken und heften Sie die beiden Körperunterseiten rechts auf rechts an der Oberkante zusammen. Nähen Sie auf der markierten Linie und lassen Sie die Nahtzugabe an beiden Enden offen.

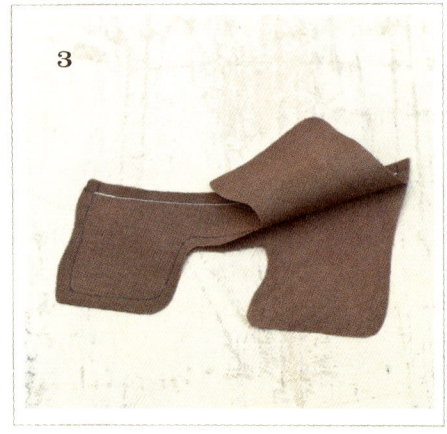

4 Falten Sie die Teile auseinander und stecken Sie dann eine Seite der Körperunterseite rechts auf rechts auf die entsprechende Körperhälfte. Heften Sie die Teile entlang der Kante der Unterhälfte. Schließen Sie die Naht mit der Maschine, wobei wieder die 6 mm Nahtzugabe an beiden Enden offen bleiben.

DIE ZWEITE KÖRPERHÄLFTE HINZUFÜGEN

5 Stecken Sie die zweite Körperhälfte rechts auf rechts auf Ihre bisherige Arbeit. Beginnen Sie bei den Punkten A und B auf dem Kopfkeil, stecken Sie die Rüssel aufeinander, bringen Sie die beiden Abnäher in Übereinstimmung und stecken Sie die Beine sehr genau aufeinander. Heften Sie die Teile an den Kanten aneinander, die Nahtzugabe wird nicht geschlossen.

6 Steppen Sie mit der Maschine entlang der Nahtlinie, arbeiten Sie dabei in 3 Abschnitten. Zuerst klappen Sie die Körperunterhälfte auf und nähen den losen Teil an die entsprechenden Beine der zweiten Körperhälfte. Anschließend nähen Sie bei beiden Beinen entlang der Nahtlinie vom Kopf zum Schwanz hin. Die Nahtzugaben werden nicht geschlossen.

7 Beim zweiten Abschnitt drehen Sie den Elefanten herum und nähen entlang der offenen Seite des Kopfkeils von B nach A. Nähen Sie über die Nahtzugabe bei A und dann weiter um Kopf und Rüssel herum bis zur Naht der Körperunterseite. Jetzt sollte nur noch der Rücken des Elefanten offen sein. Diese Öffnung wird nach dem Ausstopfen geschlossen.

8 Kürzen Sie die Nahtzugaben auf 3 mm, damit sich die Nähte nicht verziehen, wenn die Arbeit auf rechts gedreht wird. Bitte achten Sie darauf, nicht zu nah an die Nahtlinie zu geraten. Kürzen Sie die Ecken bei Füßen und Rüssel diagonal ein und schneiden Sie die Nahtzugabe bei den gebogenen Nähten und den rechten Winkeln im Abstand von 1 cm ein. Anschließend bügeln Sie die Nahtzugaben an der Rückenöffnung um.

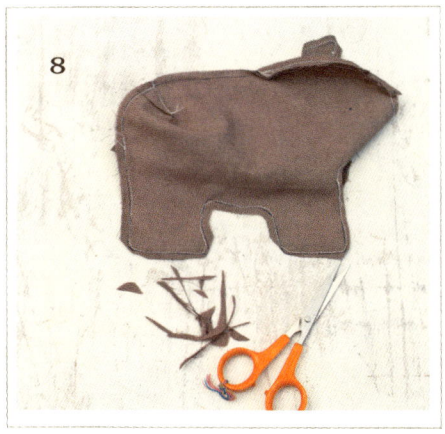

DEN ELEFANTEN AUSSTOPFEN
9 Jetzt greifen Sie durch die Öffnung am Rücken, ziehen den gesamten Stoff heraus und drehen so den Elefanten auf rechts. Stülpen Sie die Nähte, besonders an den Ecken, vorsichtig mit einer Stricknadel aus. Nun wird der Rüssel mit kleinen Mengen Zauberwatte gestopft. Schieben Sie das Füllmaterial mit der Stricknadel bis in die Rüsselspitze und stopfen dann immer wieder kleine Mengen nach. Verfahren Sie zuerst bei den Beinen und dann beim Körper und dem Kopf nach derselben Methode.

10 Schließen Sie die Öffnung am Rücken des Elefanten mit Staffierstichen.

DIE OHREN NÄHEN UND ANBRINGEN
11 Nun stecken Sie die Ohren paarweise rechts auf rechts aufeinander und nähen sie mit der Maschine mit einer Nahtzugabe von 4 mm zusammen. In der Mitte der Oberkante bleibt die Naht 2 – 3 cm offen. Bügeln Sie die Nahtzugabe an beiden Seiten dieser Öffnung um. Kürzen Sie die Ecken ein, versehen Sie die Nahtzugabe in den Bögen mit kleinen Einschnitten und drehen Sie dann die Ohren auf rechts.

12 Arbeiten Sie eine Reihe kleiner Vorstiche zwischen den beiden Markierungen (Seite 139) und kräuseln Sie den Stoff so stark ein, dass die Punkte noch etwa 3 cm Abstand voneinander haben. Jetzt sind die Ohren gewölbt und die Öffnung ist geschlossen. Stecken Sie die Ohren entsprechend der Markierungen von Seite 139 auf beiden Seiten des Kopfkeils neben die Nahtlinie und nähen Sie sie fest an. Die etwas kürzere Seite des Ohrs weist nach vorne.

LETZTE HANDGRIFFE
13 Nähen Sie die Augen an den markierten Stellen fest an den Kopf. Binden Sie Ihrem Elefanten eine Schleife um den Hals.

14 Für den Schwanz schneiden Sie die Baumwollschnur in 3 20 cm lange Stücke, verknoten sie an einem Ende, flechten sie auf einer Länge von 8 cm zusammen und sichern den Zopf mit einem Knoten. Schneiden Sie die überschüssige Schnur an beiden Enden ab, einmal kurz hinter dem Knoten, auf der anderen Seite so, dass eine Quaste von 2 cm stehen bleibt. Mit der Spitze der Schere bohren Sie nun vorsichtig ein ganz kleines Loch neben der rückwärtigen Naht, etwa 3 cm unterhalb der Abnäher. Schieben Sie den Knoten durch das Loch und nähen Sie den Schwanz an.

DAS FAHRGESTELL ANFERTIGEN

15 Nageln Sie die Räder an die beiden 1,5 cm x 1,5 cm großen Holzachsen. Kleben Sie dann die 2 Holzstücke von 6 cm x 1,5 cm x 1,2 cm so an die kurzen Seiten des Holzbretts, dass sie exakt an den Kanten abschließen. Kleben Sie anschließend die Achsen direkt daneben unter das Brett. Wenn der Klebstoff trocken ist, können Sie das Fahrgestell leicht anschleifen und nach Wunsch lackieren. Schrauben Sie die Öse in die Mitte einer kurzen Seite und knoten Sie die Schnur an. Mit der Heißklebepistole wird der Elefant nun mit den Füßen auf sein Fahrgestell geklebt (und kann losziehen …).

FAHRGESTELL: Wir haben hier der Einfachheit halber das hölzerne Fahrgestell eines ausgedienten Spielzeuglasters für den Elefanten umfunktioniert. Wenn sich in Ihrer Spielzeugkiste nichts Passendes findet, können Sie das Gestell aber auch nach der vorstehenden Anleitung selbst bauen.

SICHER IST SICHER: Dieses Spielzeug ist für Kleinkinder ab 3 Jahren gedacht. Wenn Sie es einem jüngeren Kind schenken möchten, verzichten Sie bitte auf angenähte Augen und malen Sie sie (garantiert kindersicher) mit einem Textilmarker auf. Achten Sie ganz besonders darauf, dass die Ohren sicher angenäht sind – sie gehören, ebenso wie die Knopfaugen, in die Kategorie der verschluckbaren Kleinteile. Bleiben Sie immer in der Nähe, wenn Ihr Kind mit dem Elefanten spielt, da auch die Schnur eine Gefahr darstellen könnte.

Seife am Stiel

SIE BENÖTIGEN:

Transparente Seifengießmasse (man
braucht etwa 50 g pro „Eis".)
Mikrowellengeeigneten Krug
Etwas medizinischen Alkohol in
einer Sprühflasche
Seifenfarbe in Farbtönen Ihrer
Wahl
Duftöl nach Ihrem Geschmack
Eisformen aus Plastik (mit Deckel)
Eisstiele aus Holz
Papierklemmen
Kleine Stücke Geschenkband
Transparente Geschenktütchen

DIE SEIFENGIESSMASSE SCHMELZEN

1 Schneiden Sie die Seifenrohmasse in Stücke und füllen Sie sie in den Krug. Erhitzen Sie sie in der Mikrowelle bei mittlerer Hitze etwa 30 Sekunden. Rühren Sie die Masse um, um festzustellen, ob die Stückchen schon geschmolzen sind, wenn nicht, erhitzen Sie das Ganze weitere 30 Sekunden lang. Bitte achten Sie unbedingt darauf, dass die Seife nicht kocht! Holen Sie den Krug aus der Mikrowelle und besprühen Sie die geschmolzene Seifengießmasse mit dem medizinischen Alkohol, um eventuelle Luftbläschen auf der Oberfläche zu entfernen.

ANMERKUNG: *Wenn Sie Ihre Eisformen für die Herstellung von Seifen benutzt haben, sollten Sie sie nicht mehr für Speiseeis verwenden, da die Seife und die Duftstoffe einen Nachgeschmack hinterlassen können.*

FARBEN UND DUFTÖLE HINZUFÜGEN

2 Geben Sie 1 oder 2 Tropfen der gewünschten Farbe zu der Rohmasse, rühren Sie sie vorsichtig unter und fügen Sie für einen kräftigeren Farbton gegebenenfalls tropfenweise mehr Farbe hinzu. Nun geben Sie ein paar Tropfen Duftöl dazu, mischen sie vorsichtig unter und fügen für einen kräftigeren Duft gegebenenfalls weitere Tropfen hinzu. Rühren Sie jetzt alle weiteren Zutaten unter, zum Beispiel Mohnsamen. Besprühen Sie die Oberfläche wieder so lange mit Alkohol, bis keine Luftbläschen mehr zu sehen sind.

VARIANTE: *Sie können ganz nach Belieben Mohnsamen oder Hafermehl für einen Peelingeffekt hinzufügen oder auch ein paar Lavendelblüten für einen besonders feinen Duft.*

DIE SEIFENMASSE IN DIE FORMEN GIESSEN

3 Gießen Sie die flüssige Seifenmasse ganz vorsichtig in die Eisformen und besprühen Sie die Oberfläche nochmals mit Alkohol, bis alle Luftbläschen verschwunden sind.

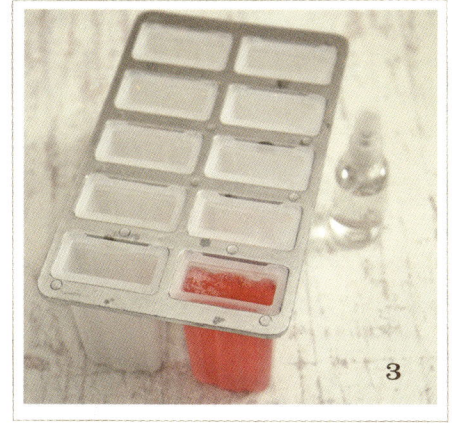

DIE EISTEILE HINZUFÜGEN

4 Arbeiten Sie jetzt zügig, bevor die Seifenmasse fest wird. Befestigen Sie eine Papierklemme etwa ein Drittel von einem Ende des Stiels entfernt an den Holzstäbchen (damit die Stiele nicht zu tief in die Form einsinken). Legen Sie den Deckel auf die Form und schieben Sie die Stiele durch die dafür vorgesehenen Schlitze. Lassen Sie die Seife nun mindestens eine Stunde fest werden.

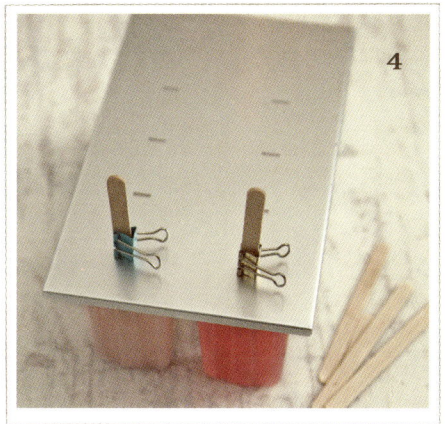

DIE SEIFEN AUS DER EISFORM LÖSEN

5 Wenn die Seife fest ist, entfernen Sie die Papierklemmen und heben den Deckel der Form vorsichtig ab. Klopfen Sie leicht gegen einen Stiel – wenn er sich bewegt, muss die Seife noch länger aushärten.

6 Drücken Sie die einzelnen Eisformen, bis sich die Seife vom Rand löst, und ziehen Sie sie dann am Stiel aus der Form. Lassen Sie die Seifen noch mindestens 5 Minuten an der Luft trocknen.

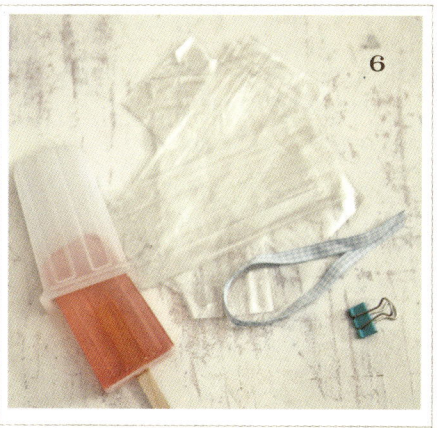

7 Schieben Sie die Seifen in die Geschenktütchen und binden Sie eine Schleife um den Stiel, um die Tüte zu schließen.

Freundschaftsarmbänder

Für das geflochtene Armband
Baumwollsticktwist in Kirschrot, Pink und Limonengrün

Für das Armband mit Perlen
Baumwollsticktwist in Pink und Kirschrot
Etwa 20 kleine Perlen mit großer Bohrung

Für das gewebte Armband
Baumwollsticktwist in Kirschrot, Pink, Limonengrün und Blau

ANMERKUNG: *Damit die Arbeitsschritte auf den Fotografien besser zu erkennen sind, haben wir sehr viel dickeres Garn benutzt als den Sticktwist, mit dem Sie arbeiten werden.*

DAS GEFLOCHTENE ARMBAND

1 Schneiden Sie 1 60 cm langes Stück von dem Sticktwist in jeder Farbe ab. Verknoten Sie die Fäden an einem Ende fest miteinander und kürzen Sie sie über dem Knoten auf gleiche Länge. Anschließend stecken Sie den Knoten auf ein Kissen oder eine gepolsterte Sessellehne und ordnen die Fäden von links nach rechts in der Reihenfolge: Rot, Pink, Grün.

2 Einen einfachen Zopf mit 3 Strängen arbeitet man, indem man die Fäden einmal von rechts und dann von links über die Mitte führt. Beginnen Sie damit, dass Sie den roten über den pinkfarbenen Faden legen.

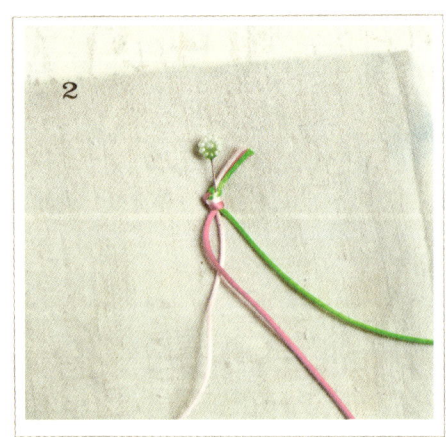

3 Legen Sie den grünen Faden von rechts über den roten Faden, sodass er sich nun in der Mitte befindet.

4 Jetzt wird der pinkfarbene Faden über den grünen gelegt, sodass der pinkfarbene in die Mitte kommt. Arbeiten Sie so weiter und führen die Fäden einmal von rechts und dann von links über die Mitte, bis das Armband anderthalbmal so lang ist wie der Handgelenksumfang Ihres Kindes. Knoten Sie dann die Fäden zusammen, damit der Zopf sich nicht auflösen kann, und bringen Sie die Enden hinter dem Knoten auf gleiche Länge.

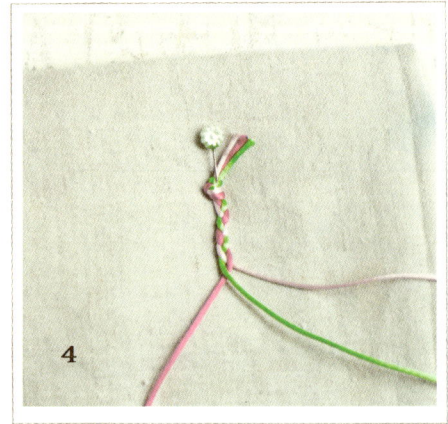

DAS ARMBAND MIT PERLEN

1 Schneiden Sie 2 70 cm lange Stücke von dem roten und 1 30 cm langes Stück von dem pinkfarbenen Sticktwist ab. Verknoten Sie die Fäden an einem Ende fest miteinander und kürzen Sie sie über dem Knoten auf gleiche Länge. Dann flechten Sie nach den Anweisungen von Seite 98 einen 5 cm langen Zopf, an dessen Ende der pinkfarbene Faden in der Mitte liegt. Stecken Sie den Zopf fest, damit er nicht verrutscht, und ziehen Sie dann alle Perlen auf den mittleren Faden.

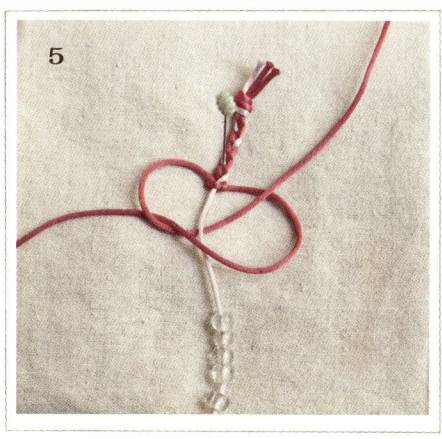

4 Machen Sie auf dieselbe Weise einen zweiten Knoten und ziehen Sie ihn fest.

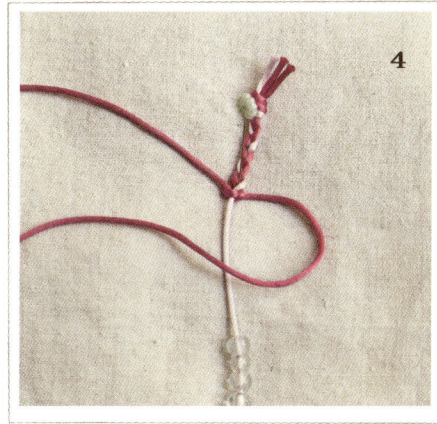

6 Arbeiten Sie auf diese Weise mit Knoten und Perlen so lange weiter, bis das Armband genau um das Handgelenk Ihres Kindes passt. Beenden Sie Ihre Arbeit mit einem weiteren 5 cm langen Zopf, verknoten Sie die Enden und schneiden Sie sie auf gleiche Länge.

2 Der Zopf wird mit einem flachen Doppelknoten der beiden roten Fäden gesichert. Für die erste Hälfte des Doppelknotens führen Sie den rechten roten Faden unter dem pinkfarbenen hindurch und dann über den linken roten Faden.

3 Nun nehmen Sie das untere Ende des linken Fadens (der rechte bleibt oben) und führen es über den pinkfarbenen, durch die Schlinge und unter dem rechten roten Faden hindurch. Ziehen Sie die Enden vorsichtig an, um den Knoten festzuziehen.

5 Anschließend arbeiten Sie einen weiteren Knoten, der jedoch nicht festgezogen wird. Schieben Sie eine der Perlen auf dem pinkfarbenen Faden nach oben und ziehen Sie danach den Knoten fest. Machen Sie einen neuen Knoten unter der Perle, damit sie an Ort und Stelle bleibt.

DAS GEWEBTE ARMBAND

1 Ein gewebtes Armband kann in beliebiger Breite angefertigt werden, man muss nur weitere Fäden dazunehmen. Schneiden Sie 4 70 cm lange Stücke von dem Sticktwist in jeder Farbe ab. Verknoten Sie die Fäden 10 cm von einem Ende entfernt miteinander und stecken Sie den Knoten auf ein Kissen oder eine gepolsterte Sessellehne. Ordnen die Fäden von links nach rechts in der Reihenfolge: Rot, Grün, Blau und Pink. Beim Weben des Armbands arbeiten Sie immer von links nach rechts.

2 Machen Sie jetzt einen flachen Doppelknoten. Führen Sie den roten Faden zuerst über und dann unter den grünen Faden. Legen Sie das Ende über den roten Faden.

3 Ziehen Sie den roten Faden links nach oben, sodass sich die Schlinge oben um den grünen Faden legt. Wiederholen Sie diesen Arbeitsgang mit dem roten Faden, um einen Doppelknoten zu machen.

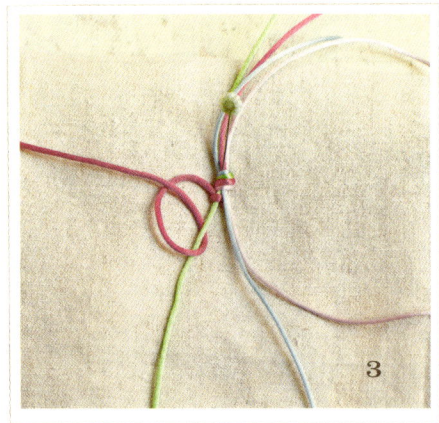

4 Arbeiten Sie mit dem roten Faden einen ebensolchen Doppelknoten über dem blauen Faden.

5 Schließen Sie die Reihe mit einem roten Doppelknoten über dem pinkfarbenen Faden ab. Der rote Faden liegt jetzt rechts.

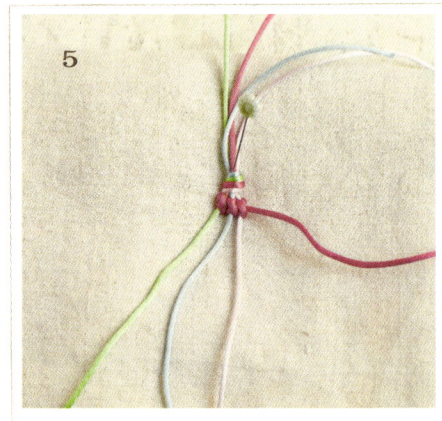

6 Jetzt weben Sie die nächste Reihe, wieder von links nach rechts, mit dem grünen Faden. Arbeiten Sie so mit den verschiedenen Farben weiter, bis das Armband anderthalbmal so lang ist wie der Handgelenksumfang Ihres Kindes. Dann knoten Sie die Fäden zusammen und kürzen Sie sie auf gleiche Länge.

Frühlingswiesen-Picknickdecke

SIE BENÖTIGEN:

1 große grüne Decke oder
   Überwurf
4-fädiges mercerisiertes
   Baumwollgarn
Hauptfarbe: 1 Knäuel (100 g)
   in Gelb
Kontrastfarbe: 1 Knäuel (100 g)
   in Weiß
Häkelnadel, 2,5 mm
Nähnadel mit großem Öhr

ABKÜRZUNGEN

dStb	Doppelstäbchen
fM	feste Masche
HF	Hauptfarbe
hStb	halbes Stäbchen
KF	Kontrastfarbe
KM	Kettmasche
Lftm	Luftmasche
Stb	ganzes Stäbchen

GÄNSEBLÜMCHEN

1 Mit Garn in der HF häkeln Sie 5 Lftm und schließen sie mit 1 KM in die erste Lftm zum Ring.

DIE BLÜTENMITTE HÄKELN
2 Häkeln Sie 2 Lftm, dann 11 hStb in den Ring, 1 KM in die 2. Lftm. Abketten, ein Stück Garn hängen lassen.

DIE BLÜTENBLÄTTER HÄKELN
3 Schließen Sie mit dem Garn in KF oben am 1. hStb an. Arbeiten Sie 3 Lftm, dann 3 Stb in dieselbe Masche. Ziehen Sie die Nadel aus der Schlinge und stechen Sie in die 3. Lftm und dann wieder in die Schlinge. Ziehen Sie das Garn durch die Schlinge und arbeiten Sie 2 Lftm.

* Häkeln Sie 4 Stb in das nächste hStb, ziehen Sie die Nadel aus der Schlinge und stechen Sie oben in das 1. Stb und dann wieder in die Schlinge. Ziehen Sie das Garn durch die Lftm, arbeiten Sie eine Masche (das ergibt ein Blütenblatt aus einer Büschelmasche). Arbeiten Sie 2 Lftm.

Wiederholen Sie alle Arbeitsschritte von * bis zum Ende der Rd für weitere 11 Blütenblätter. Arbeiten Sie dann 1 KM in die Lücke zwischen den ersten 2 Lftm. Ketten Sie ab und lassen Sie 25 cm Garn hängen. Vernähen Sie das HF-Garn.

Häkeln Sie unterschiedlich große Gänseblümchen, indem Sie für kleinere Exemplare mit weniger Blütenblättern 9 hSt in den Fadenring arbeiten, oder für größere Blüten dStb statt der Stb häkeln, damit die Blütenblätter länger werden.

BUTTERBLUME

Diese Blümchen werden in eine Anfangs-
schlinge gearbeitet, die zusammengezogen
wird, sobald die Blume fertig ist.

EINEN FADENRING ARBEITEN

4 Machen Sie mit dem HF-Garn eine
Schlinge von rechts nach links, dann ziehen Sie mit der Häkelnadel den Arbeits-
faden von vorn nach hinten durch die
Schlinge. Ziehen Sie am Fadenende, sodass sich die Schlinge auf 2 – 3 cm Durchmesser verengt.

DIE BLÜTENBLÄTTER HÄKELN

5 Halten Sie die Schlinge zwischen
Daumen und Mittelfinger, * häkeln Sie
2 Lftm, dann 4 dStb in den Fadenring
und über das Restgarn (Das ergibt ein
Blütenblatt.).

Wiederholen Sie alle Arbeitsschritte ab
* 3x für weitere 4 Blütenblätter. Arbeiten Sie dann 1 KM in die Lücke zwischen
den ersten 2 Lftm. Maschen Sie ab und
lassen Sie 25 cm Garn hängen. Vernähen
Sie das HF-Garn. Abketten und 25 cm
Garn hängen lassen.

DIE BLUMEN AUF DIE DECKE NÄHEN

6 Ziehen Sie das Garn durch eine Nadel
mit großem Öhr und nähen Sie jede Blume gut auf der Decke fest. Legen Sie die
Stiche zwischen die Blütenblätter, damit
die Blumen plastisch wirken. Verteilen
Sie die Blüten nach dem Zufallsprinzip
auf der Wiese – ganz so, wie sie in freier
Natur wachsen würden.

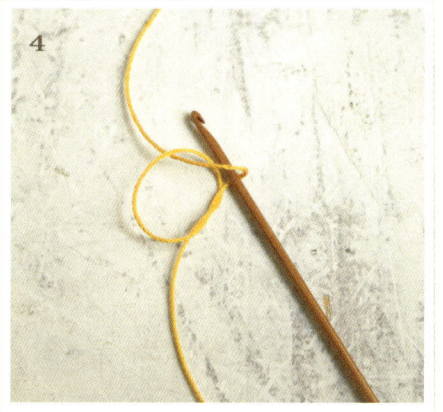

Halten Sie die Blüte fest und ziehen Sie
vorsichtig den Anfangsfaden des Faden-
rings so fest an wie möglich. Verknoten
Sie die beiden Enden miteinander.

Schneeflockenbaum für die Wand

Mehrere Blätter dünnes weißes Papier (wenn möglich säurefrei, da es dann nicht vergilbt) oder fertige Streifen Quillingpapier

Cutter oder Schere

Quillingnadel (Quillingstift)

Transparenten Klebstoff

Holzzahnstocher oder Cocktailspießchen aus Holz

Stecknadeln

Ein Stück Hartschaumkern mit weißer Kartonbeschichtung für den Modellbau (Leichtstoffplatte)

Schablone: Schneeflockenvorlage (siehe Seite 140)

ZUSCHNEIDEN
Schneiden Sie das Papier in lange, etwa 5 mm breite Streifen.

DIE SCHABLONE VORBEREITEN
Kopieren Sie die Schneeflockenschablone von Seite 140. Befestigen Sie sie mit Klebestreifen auf der Leichtstoffplatte.

DEN RAHMEN FÜR DIE SCHNEEFLOCKE ANFERTIGEN
1 Schneiden Sie von den Papierstreifen 6 x 10 cm lange Stücke ab. Falten Sie diese Stücke der Länge nach auf die Hälfte und knicken Sie sie an beiden Seiten etwa 1 cm vom Ende entfernt im 45°-Winkel ab. Legen Sie die Streifen mit den V-Spitzen nach innen, sodass sie einen Kreis bilden. Tragen Sie mit einem Holzstäbchen Klebstoff an den Berührungspunkten auf.

Fixieren Sie die Streifen mit Stecknadeln auf der Leichtstoffplatte, bis der Klebstoff trocken ist.

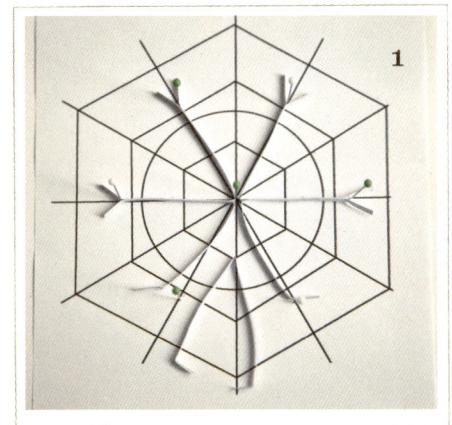

DIE VERZIERUNG ANFERTIGEN
2 Überlegen Sie, welche Formen Sie innerhalb des Schneeflockenrahmens verwenden möchten. Ganz gleich, wofür Sie sich entscheiden – Sie brauchen jede Form sechsmal oder in einem Vielfachen von 6. Für einen Satz einfacher „Tropfen" oder „Blätter" schneiden Sie 6, 12 oder 18 gleich lange Papierstreifen zu. Stecken Sie das Ende eines Streifens in den Schlitz der Quillingnadel und drehen Sie das Werkzeug, um eine Papierspirale zu erhalten. Mit einem Tupfer Klebstoff befestigen Sie das äußere Ende der Spirale auf den Streifen, damit sie sich nicht aufdrehen kann. Um einen „Tropfen" daraus zu machen, kniffen Sie eine Seite der Spirale, für ein „Blatt" versehen Sie die beiden gegenüberliegenden Seiten mit einem Kniff.

DEN RAHMEN DER SCHNEEFLOCKE FÜLLEN
3 Ordnen Sie Ihre Formen innerhalb der Segmente in einem symmetrischen Muster an. Mit kleinen Tröpfchen Klebstoff verbinden Sie die Formen dort, wo sie einander berühren.

4 Ergänzen Sie so lange weitere Formen innerhalb der Segmente, bis Sie mit dem Ergebnis zufrieden sind. Experimentieren Sie mit verschiedenen Formen; da auch in der Natur keine 2 Schneeflocken gleich aussehen, können Sie Ihrer Fantasie freien Lauf lassen.

DIE SCHNEEFLOCKEN ZUR GELTUNG BRINGEN
5 Wir haben aus einer Rolle Tapete eine Baumsilhouette ausgeschnitten und sie an eine glatte Wand geklebt. Anschließend haben wir kleine Kreise in zartem und in kräftigem Pink ausgeschnitten und sie auf den Ästen verteilt. Zum Schluss kommen die Schneeflocken in unterschiedlicher Größe und Ausgestaltung hinzu. Alternativ kann man die Schneeflocken natürlich auch an unsichtbaren Fäden aufhängen oder sie zu einer Girlande verbinden.

Patchwork-Bettdecke

Auswahl leichter Baumwollstoffe in verschiedenen Farben und Mustern (Verwenden Sie Stoffe von aussortierten Kinderkleidern.)

1 m leichten Baumwollstoff, cremefarben, (1,4 m breit)

1,65 m leichten Baumwollstoff, braun-weiß kariert, (1,4 m breit), für den Rand

1 m Baumwollpopeline mit „Boo"-Muster, (1,4 m breit), für die Rückseite

108 cm x 140 cm leichtes Volumenvlies aus Baumwolle oder Bambus für die Einlage

Altpapier, z. B. gebrauchte Briefumschläge, für die Papiereinlage

Farblich passendes und kontrastierendes Nähgarn

Auswaschbaren Textilmarker

Nähzeug

Schablone: Sechsecke (siehe Seite 140)

ZUSCHNEIDEN

Übertragen Sie die Sechsecke von Seite 140 auf dünne Pappe und schneiden Sie sie aus. Ziehen Sie die Umrisse der Schablone auf dem Papier nach. Sie benötigen genauso viele Papiersechsecke wie Stoffsechsecke. Für eine Kinderbettdecke braucht man 373 Sechsecke. Mit dem auswaschbaren Textilmarker übertragen Sie die Umrisse der großen Schablone auf die linke Stoffseite. Schneiden Sie die Formen aus.

Aus den bunten Baumwollstoffen
205 große Sechsecke, jeweils 6 (+1) aus jedem Stoff (für die Blüten)

Aus dem cremefarbenen Baumwollstoff
168 große Sechsecke (für den Hintergrund)

Aus dem karierten Baumwollstoff
4 Streifen, 24,5 cm x 146 cm (für den Rand)
4 Streifen, 24,5 cm x 127 cm (für den Rand)

Aus dem Baumwollpopeline mit „Boo"-Muster
1 Rechteck, 81 cm x 100 cm (für die Rückseite)

DIE SECHSECKE VORBEREITEN

1 Nehmen Sie ein Papiersechseck und legen Sie es mittig auf die linke Seite eines Stoffsechsecks. Schlagen Sie alle Kanten des Stoffs um und heften Sie dann jeweils eine Kante an, indem Sie die Nadel durch das Papier führen. Bügeln Sie das Sechseck. Jede „Blüte" besteht aus 6 „Blütenblättern", die um ein Mittelteil herum angeordnet sind. Um eine Blüte herzustellen, bereiten Sie bitte 6 gleiche und ein kontrastierendes Sechseck vor. Sie brauchen insgesamt 25 Blüten. Die verbleibenden Sechsecke legen Sie vorläufig zur Seite.

EINE BLÜTE BEGINNEN

2 Legen Sie das Mittelsechseck rechts auf rechts auf eines der sechs Blütenblätter. Verbinden Sie eine Kante des Mittelteils mit kleinen Überwendlichstichen mit einer Kante des Blütenblatts.

DAS ZWEITE BLÜTENBLATT HINZUFÜGEN

3 Schlagen Sie die beiden bereits verbundenen Sechsecke auseinander und fügen Sie auf dieselbe Weise ein weiteres an der nächsten Kante des Mittelteils hinzu.

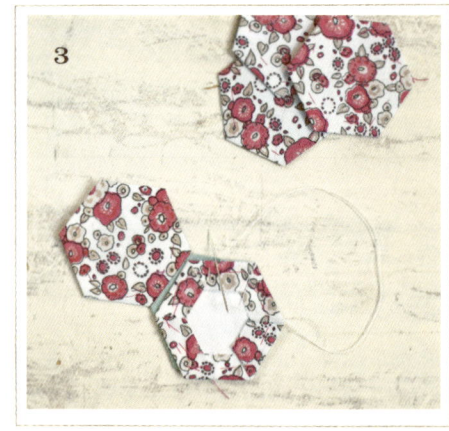

DAS ZWEITE BLÜTENBLATT ANNÄHEN

4 Falten Sie das mittlere Sechseck auf die Hälfte, sodass die beiden Blütenblätter rechts auf rechts aufeinanderliegen. Stechen Sie mit der Nadel dort ein, wo die drei Teile aufeinandertreffen, und nähen Sie die beiden Blütenblätter mit kleinen Überwendlichstichen zusammen.

DIE ÜBRIGEN BLÜTTENBLÄTTER ERGÄNZEN

5 Nähen Sie die übrigen 4 Blütenblätter von rechts nach links in derselben Weise an. Arbeiten Sie alle anderen Blüten ebenso.

DIE HALBEN BLÜTEN ANFERTIGEN

6 Aus den verbleibenden Blütenblättern fertigen Sie nun 6 halbe Blüten, indem Sie jeweils 4 gleiche Blütenblätter an ein Mittelsechseck nähen.

DIE ANORDNUNG DER BLÜTEN PLANEN

7 Auf einer ebenen Fläche ordnen Sie nun die fertigen Patchworkblüten in 7 Reihen an. Legen Sie 4 Blüten in die oberste Reihe und wechseln Sie dann ab mit Reihen von jeweils 3 und 4 Blüten. In der untersten Reihe befinden sich 4 Blüten. Positionieren Sie die halben Blüten jeweils an beiden Enden der Dreierreihen mit dem Mittelteil auf dem äußeren Rand. Wenn Sie mit der Verteilung von Farben und Mustern zufrieden sind, nummerieren Sie die Blüten auf der Rückseite, damit Sie sie später wieder in derselben Weise anordnen können. Arrangieren Sie jetzt die cremefarbenen Sechsecke um die Blüten herum und in den Lücken, sodass ein zusammenhängendes Rechteck entsteht.

DIE HINTERGRUNDSECHSECKE HINZUFÜGEN

8 Folgen Sie den Anleitungen von Schritt 2 bis 5 und nähen Sie 12 cremefarbene Sechsecke so um die erste Blüte links oben, dass sie vollständig von cremefarbenen Sechsecken eingerahmt ist. Ergänzen Sie die nächste Blüte rechts von der ersten und fügen Sie weitere 9 cremefarbene Sechsecke hinzu, um den Hintergrund für diese neue Blüte zu schaffen. Fügen Sie die übrigen Blüten und cremefarbenen Sechsecke hinzu, um die erste obere Reihe fertigzustellen. Arbeiten Sie nach denselben Anleitungen weiter und stellen Sie die einzelnen Reihen nacheinander fertig. Arbeiten Sie dabei von links nach rechts. Wenn alle Sechsecke miteinander verbunden sind, trennen Sie die Heftstiche auf und entfernen ganz vorsichtig die Papiereinlage von den einzelnen Teilen.

DEN KARIERTEN RAND NÄHEN

9 Stecken Sie einen kurzen und einen langen Streifen Karostoff rechts auf rechts an einem Ende aufeinander. Zeichnen Sie von der Ecke aus einen Winkel von 45° an und nähen

Sie entlang dieser Linie. Lassen Sie dabei die Naht an beiden Enden 1,5 cm offen: Hier entsteht eine Briefecke. Falten Sie die Streifen auseinander und wiederholen Sie die Schritte mit den anderen beiden Streifen. Nähen Sie dann die Teile zusammen, sodass ein Rahmen entsteht. Bügeln Sie an der Innenkante einen Umschlag von 1,5 cm. Fertigen Sie den zweiten Rahmen ebenso an.

DIE PATCHWORKDECKE ZUSAMMENFÜGEN

10 Breiten Sie den Stoff mit den „Boo"-Motiven mit der rechten Seite nach oben vor sich auf der Arbeitsfläche aus, legen Sie einen Rahmen aus Karostoff mittig darauf und stecken Sie ihn fest. Als Nächstes legen

Sie die Zackenlitze auf den Übergang und steppen sie fest.

11 Legen Sie die Stoffe rechts auf rechts aufeinander und bringen Sie die unversäuberten Kanten des zweiten Rahmens mit der Rückseite in Übereinstimmung. Nähen Sie entlang der Außenkante mit 1 cm Nahtzugabe, drehen Sie Ihre Arbeit auf rechts und bügeln Sie sie.

12 Schieben Sie das Volumenvlies zwischen die beiden Rahmen, um die mittlere Einlage anzufertigen. Legen Sie dann mit der rechten Seite nach oben den Patchworkstoff mittig in den Rahmen und nähen Sie mit Staffierstichen durch alle Lagen um die Zickzackkonturen der Sechsecke.

Spielzelt für kleine Piraten

Etwa 4 m x 120 cm cremefarbenen
Stoff in Möbelstoffqualität
(Die genauen Maße richten sich
nach der Größe Ihres Tisches.)

2 m grünen Schrägstreifen

1 m dunkelgrünen Baumwollstoff
(136 cm breit)

Etwa 4 m grüne Zackenlitze
(Die genauen Maße richten sich
nach der Größe Ihres Tisches.)

Reste von einfarbigem und ge-
punktetem Baumwollstoff für die
Wimpelgirlanden

1 m x 50 cm schwarzen
Baumwollstoff

2 oder 3 alte Jeans

2 m weiche rote Kordel, 6 mm Ø

2 D-Ringe oder Messingringe

Farblich passendes Nähgarn

Nähzeug

Schablonen: Flagge, Anker und
Wimpel (siehe Seite 140)

ZUSCHNEIDEN

Messen Sie Länge, Breite und Höhe
Ihres Tisches aus und verwenden Sie
diese Maße, um den Stoff zuzuschneiden.

Aus dem cremefarbenen Stoff (für das Zelt)

2 Seitenteile:
Länge + 5 cm x Höhe + 5 cm

1 Rückseite:
Breite + 5 cm x Höhe + 5 cm

1 Tür: Breite + 5 cm x Höhe

1 Türsturz: Breite + 5 cm x 8 cm

4 Falten: 30 cm x Höhe + 5 cm

1 Oberseite:
Länge + 5 cm x Breite + 5 cm

Aus dem grünen Stoff (für die Borte an der Unterkante)

2 Streifen für die Seiten:
Länge + 5 cm x 10 cm

1 Streifen für die Rückseite:
Breite + 5 cm x 10 cm

1 Streifen für die Tür:
Breite + 5 cm x 10 cm

4 Streifen für die Falten:
30 cm x 10 cm

2 Kreise; 15 cm Ø (für die Bullaugen)

Aus dem Jeansstoff

(Nähen Sie die Teile aneinander, um
das gewünschte Maß einschließlich
der doppelten Säume zu erhalten.)

4 Streifen: 110 cm x 10 cm
(für das Boot)

1 Streifen 50 cm x 7 cm
(für den Mast)

1 Streifen 40 cm x 3 cm
(für den Flaggenmast)

1 Streifen 30 cm x 25 cm
(für den Anker)

Aus dem schwarzen Baumwollstoff

5 Streifen: 38 cm x 5 cm
(für die Verstrebungen)

ANORDNUNGSVORLAGE

DIE BORTEN ERGÄNZEN

1 Stecken Sie die grünen Borten für die Falten am unteren Rand auf die linke Stoffseite des cremefarbenen Stoffs für die Falten. Nähen Sie sie mit der Maschine mit 1,5 cm Nahtzugabe an. Schlagen Sie jetzt die Borten auf die rechte Seite um und bügeln Sie über die Naht. Steppen Sie entlang der Oberkante und verdecken Sie die Naht mit der Zackenlitze, wobei Sie 1 cm lange Einschnitte in der Mitte jeder oberen Kante machen. Fassen Sie die Tür und eine der Längsseiten ebenso mit der grünen Borte ein.

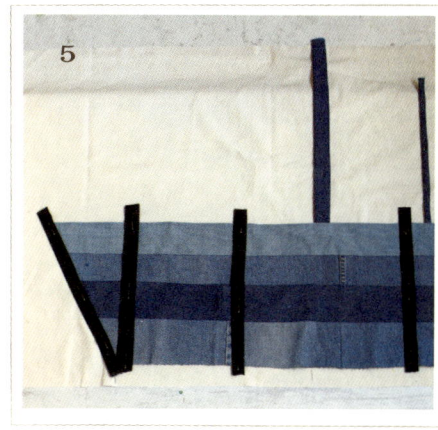

DAS BOOT „BAUEN"

2 Nähen Sie die Jeansstreifen an den Längsseiten mit 1,5 cm Nahtzugabe aneinander und bügeln Sie die Nahtzugaben auf eine Seite. Markieren Sie an der Unterkante, 10 cm von der linken Ecke entfernt, einen Punkt. Ziehen Sie von hier aus mit dem Lineal eine Diagonale zur oberen linken Ecke. Schneiden Sie den Stoff entlang dieser Linie ab.

3 Bügeln Sie an der Oberkante des Jeansstoffs einen 1,5 cm breiten Umschlag und stecken Sie das Boot dann mittig auf eines der cremefarbenen Seitenteile des Zelts, 5 cm oberhalb von der Unterkante.

4 Bügeln Sie an den langen Seiten des Masts und des Flaggenmasts aus Jeansstoff einen 1 cm breiten Umschlag. Stecken Sie den Mast in der Bootsmitte so auf den cremefarbenen Stoff, dass das unversäuberte untere Ende hinter der Bootskante verschwindet. Stecken Sie den Flaggenmast 25 cm rechts davon ebenso auf und verdecken Sie das untere Ende auch hier mit der Bootskante. Nähen Sie nun zuerst die Oberkante des Boots und anschließend die langen Seiten der beiden Masten auf den cremefarbenen Stoff.

5 Versäubern Sie die Spanten (Verstrebungen), indem Sie an einer kurzen und den beiden langen Seiten jeweils einen Umschlag von 1 cm umbügeln. Orientieren Sie sich an der Anordnungsvorlage auf Seite 116 und stecken Sie die Spanten so auf das Boot, dass die versäuberten kurzen Seiten je 3 cm über den Bootsrand hinausragen. Machen Sie sich keine Gedanken über die unteren Enden. Nähen Sie die Spanten an allen versäuberten Kanten mit 3 mm Nahtzugabe auf.

6 Bringen Sie die grüne Borte und die Zackenlitze an der Unterkante an wie bei den Falten unter Schritt 1 beschrieben. Die unversäuberten Kanten der Spanten werden von der Borte verdeckt.

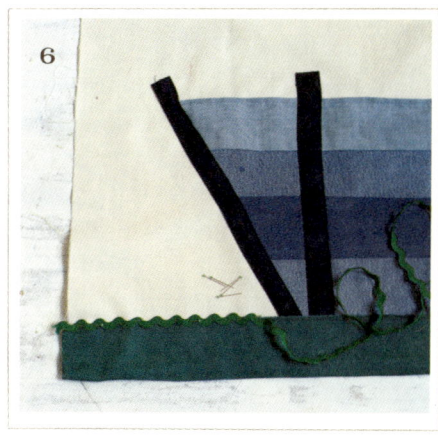

DIE BULLAUGEN ANFERTIGEN

7 Sie können sich nach der Vorlage von Seite 116 richten und 2 grüne Bullaugen auf das Boot nähen oder mit einem Textilmarker 2 Kreise von 9 cm Ø auf das Boot zeichnen, wenn Sie offene Bullaugen vorziehen. Nähen Sie um die Umrisslinien der Kreise und schneiden Sie dann den Stoff 3 mm neben der Nahtlinie aus der Mitte aus.

DIE FLAGGE UND DIE WIMPELGIRLANDE HINZUFÜGEN

8 Fertigen Sie die Flagge nach den Anleitungen für die Piratenflagge auf Seite 68 an. Stecken Sie sie oben an den Flaggenmast und nähen Sie sie an den Rändern mit einem schwarzen Zickzackstich auf den Stoff auf.

9 Nähen Sie 3 Girlanden, mit 6, 7 und 8 Wimpeln. Verwenden Sie dazu die Schablone von Seite 140 und folgen Sie den Anleitungen für die Herbstliche Naturgirlande von Seite 24. Kürzen Sie die Wimpel an der Oberkante um 1 cm, bevor Sie sie mit dem Schrägband einfassen, und lassen Sie jeweils 15 cm Schrägband an den Enden überstehen.

10 Stecken Sie die Girlande mit den 7 Wimpeln an die linke Bootshälfte vom Bug bis zur rechten Seite der Mastspitze. Die Girlande mit den 6 Wimpeln wird auf die rechte Bootshälfte gesteckt, und zwar von der linken Seite der Mastspitze zur Bootskante und zum Heck. Nähen Sie die Girlanden an den Schrägstreifen auf.

DIE TÜR ANFERTIGEN

11 Nähen Sie einen doppelt umgeschlagenen Saum an beiden Längsseiten der Tür. Übertragen Sie den Anker von Seite 140 auf das Bügelvlies, schneiden Sie die Form grob aus und bügeln Sie sie auf den Jeansstoff. Jetzt schneiden Sie den Anker sorgfältig aus, ziehen das Trägerpapier von der Rückseite ab und bügeln ihn etwas schräg auf die rechte Ecke der cremefarbenen Tür, 5 cm oberhalb der Unterkante. Fassen Sie die Ränder mit blauem Zickzackstich ein.

12 Legen Sie die Kordel in Bögen und Schlingen, so wie Sie es auf der Anordnungsvorlage von Seite 116 sehen, schneiden Sie mit der Schere kleine Löcher in den Stoff, wo es notwendig ist. Stecken Sie die Kordel fest und nähen Sie sie mit der Hand an. Stecken und nähen Sie anschließend die Girlande mit den 8 Wimpeln in einem Bogen über die Kordel.

13 Schneiden Sie die gelbe Kordel in der Mitte auseinander und ziehen Sie je ein Stück durch einen D-Ring und ziehen Sie die Schlinge fest. Stecken Sie die Enden jeweils an die obere Türecke, 2 cm von der Seitenkante entfernt. Nähen Sie den Türsturz mit 1 cm Nahtzugabe an die obere Türkante. Säumen Sie den Sturz auf Türbreite. Nähen Sie den Türsturz mit 1 cm Nahtzugabe an eine Schmalseite der Oberseite. Schneiden Sie 2 20 cm lange Stücke von der restlichen gelben Kordel ab und nähen Sie je eines davon von links an beide Seiten der Tür, 50 cm von der Unterkante entfernt. Die Tür bleibt nun offen, wenn man den Stoff aufrollt und die Kordel an die D-Ringe knotet.

FERTIGSTELLUNG

14 Nähen Sie je 1 Faltenteil rechts auf rechts auf die Seitenteile. Nähen Sie die Rückseite zwischen die Teile, sodass eine fortlaufende Stoffbahn entsteht.

15 Stecken Sie die Oberkante der Rückseite rechts auf rechts auf das gegenüberliegende Ende der Oberseite. Stecken Sie die Oberkanten der Seitenteile an die Längskanten des Oberteils. Stecken Sie die Einschnitte an den Faltenteilen an die 4 Ecken. Stecken Sie den übrigen Stoff der Faltenteile fest. Auf der Türseite stecken Sie bitte die Kanten der über den Türsturz. Heften Sie alle Teile zusammen und nähen Sie sie dann mit der Maschine mit 1,5 cm Nahtzugabe zusammen.

Techniken

Alle Grundtechniken, die Sie benötigen, um die Nähprojekte in diesem Buch anfertigen zu können, werden Ihnen hier noch einmal gezeigt. Sie sehen, wie man Nähte, Säume und Einfassungen arbeitet, und erfahren etwas über einfache Stickstiche. Alles andere, was Sie noch wissen müssen, wird in den jeweiligen Anleitungen Schritt für Schritt erklärt.

Sticken

UMRISSE ÜBERTRAGEN

Es gibt verschiedene Möglichkeiten, eine Schablone auf Stoff zu übertragen, aber dies ist sicher die einfachste. Fotokopieren oder pausen Sie die Form auf Schnittmusterpapier und schneiden Sie sie aus. Ziehen Sie die Konturen mit einem spitzen Bleistift oder einem Textilmarker auf dem Stoff nach. Die Linien des Markers verschwinden mit der Zeit. Vergleichen Sie dann die Originalschablone noch einmal und ergänzen Sie die Details.

EINEN STICKRAHMEN BENUTZEN

Wenn Stoff in einem Stickrahmen straff gespannt ist, werden die Stickstiche sauber und regelmäßig. Schrauben Sie die beiden Hälften des Stickrahmens auseinander und legen Sie den Stoff über den inneren Ring. Legen Sie den zweiten Ring darauf und drücken Sie ihn nach unten. Ziehen Sie den Stoff rundherum fest an, um die Spannung zu verstärken. Schließen Sie die Schraube, um den äußeren Ring zu fixieren.

GERADER STICH

Dies ist der allereinfachste Stickstich. Einzelne gerade Stiche werden für Details und unterbrochene Konturen verwendet. Wenn gerade Stiche dicht nebeneinandergelegt werden, kann man damit Flächen schnell farbig aussticken. Diese Stiche können in jeder beliebigen Länge und Richtung gearbeitet werden. Wenn Sie die Stichlänge variieren, erhalten Sie kräftigere Texturen.

STIELSTICH

Der Stielstich eignet sich besonders für Konturen. Für eine glatte Linie arbeiten Sie alle Stiche in derselben Länge, mit unterschiedlich langen Stichen entsteht eine weichere Linie, der man die Handarbeit ansieht. Arbeiten Sie einen geraden Stich von links nach rechts, führen Sie die Nadel auf halber Höhe direkt neben dem vorhergehenden Stich wieder nach oben und arbeiten Sie den nächsten Stich.

RÜCKSTICH

Dieser Stich ergibt eine saubere Linie. Arbeiten Sie von rechts nach links. Beginnen Sie mit einem kleinen Stich von links nach rechts, führen Sie die Nadel links davon in dem der Stichlänge entsprechenden Abstand wieder nach oben. Stechen Sie die Nadel am Ende des vorhergehenden Stichs wieder ein. Wiederholen Sie diese Arbeitsschritte.

PLATTSTICH

Der Plattstich besteht aus Reihen vertikaler gerader Stiche, die dicht nebeneinandergelegt werden, sodass eine glatte flache Oberfläche entsteht. Sollen die Stiche eher zufällig angeordnet wirken, arbeiten Sie die zweite Reihe so, dass die Stiche die der ersten Reihe zum Teil überlappen und so liegen, dass sie den Konturen folgen.

LANGUETTENSTICH

Besonders eignet sich dieser Stich zum Einfassen von Kanten und Verbinden von Lagen. Lassen Sie zwischen den Stichen immer etwas Platz. Stechen Sie die Nadel zur Hälfte ein und legen Sie den Faden unter die Nadelspitze. Ziehen Sie fest an, um die so entstandene Schlaufe an der Kante zu sichern.

KNOPFLOCHSCHLAUFE

Diese altbewährte Befestigungsschlinge ist einfach perfekt für den kleinen Umschlag auf dem Zahnfee-Kissen (Seite 54). Sie wird ähnlich gearbeitet wie der Knopflochstich, aber der Faden wird hier noch einmal zurückgeführt, um der Schlinge höhere Stabilität zu verleihen. Arbeiten Sie 4 lose gerade Stiche für die Schlaufe. Schieben Sie die Nadel unter diesen Riegel und schlingen Sie den Faden dahinter von links nach rechts. Ziehen Sie die Nadel über dem Faden durch, ziehen Sie den Faden vorsichtig nach oben und nach hinten. So entsteht an der Außenseite der Schlaufe eine kleine „linke Strickmasche". Am besten probieren Sie

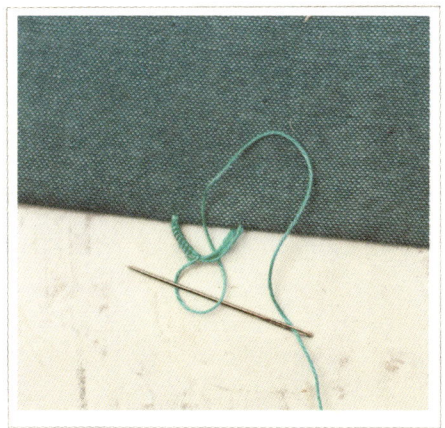

diese Arbeitsschritte erst einmal an einem Stoffrest aus: Sie werden feststellen, dass die Arbeit viel leichter auszuführen als zu beschreiben ist!

EINFACHER SAUM

Legen Sie den Stoff mit der linken Seite nach oben auf die Arbeitsfläche und schlagen Sie die Unterkante (eventuell auch die anderen Kanten) in der in der Arbeitsanleitung angegebenen Breite um. Mit einem Bandmaß kontrollieren Sie, dass der Saumumschlag überall gleich breit ist. Anschließend stecken, heften oder bügeln Sie den Saum entsprechend der Anleitung. Nähen Sie ihn von Hand oder mit der Maschine in einem Abstand von 3 – 4 mm von der unversäuberten Kante an.

DOPPELTER SAUM

Schlagen Sie den Stoff wie bei dem einfachen Saum um und bügeln Sie über die Kante. Jetzt schlagen Sie den Stoff noch ein zweites Mal in der angegebenen Breite um. Kontrollieren Sie, dass der Umschlag überall gleich breit ist, und nähen

Sie ihn dann 3 – 4 mm von der Innenkante entfernt an. Verwenden Sie den doppelten Saum für die Piratenflagge (Seite 68), damit sie von beiden Seiten ordentlich aussieht.

SCHRÄGSTREIFEN

Dickere Stoffe, bei denen ein Umschlag

zu wulstig würde, kann man mit fertigem Schrägstreifen einfassen. Hierfür gibt es zwei Methoden: Bei der Schürze für fleißige Helferlein (Seite 18) wurde der Schrägstreifen einfach über die Kante geschoben und festgenäht, bei der Forschertasche (Seite 62) wurde der Schrägstreifen umgeschlagen, sodass die Nahtlinie verdeckt ist.

1 Bei der ersten Methode falten Sie den Schrägstreifen einfach der Länge nach auf die Hälfte, die unversäuberten Kanten liegen innen, und schieben ihn über die zu säumende Stoffkante. Heften Sie alle

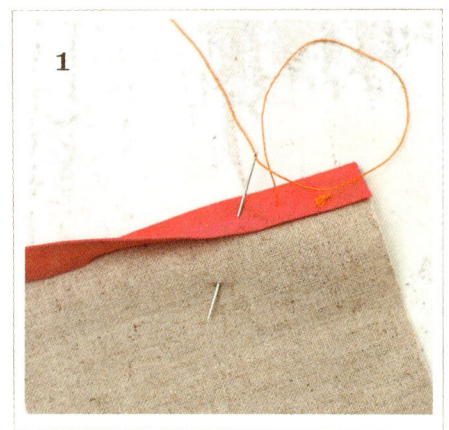

Stofflagen zusammen und nähen Sie sie anschließend mit 2 – 3 mm Abstand zum Rand des Schrägstreifens zusammen.

2 Bei der zweiten Methode öffnen Sie den Schrägstreifen und stecken seine offene Kante rechts auf rechts auf die Stoffkante. Nähen Sie entlang des Falzes. Schlagen Sie den Schrägstreifen dann auf die andere Seite um und heften Sie den Falz so an, dass er etwas über die Nahtlinie hinausreicht und diese verdeckt. Nähen Sie den Schrägstreifen von der rechten Seite im Nahtschatten an, d. h. genau auf der Linie zwischen Schrägstreifen und Stoff.

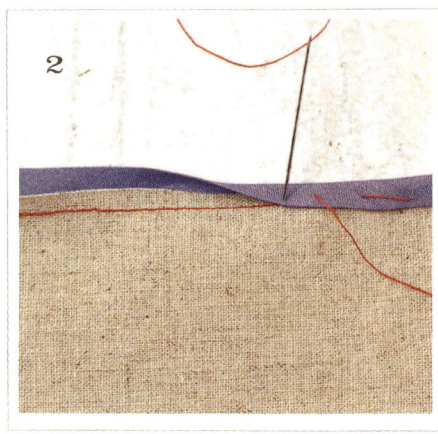

Nähte

EINFACHE NAHT

1 Stecken Sie die Stoffkanten rechts auf rechts aufeinander. Nähen Sie mit der Maschine parallel zur Kante, die Außenseite des Füßchens oder die Linien auf der Stichplatte der Nähmaschine helfen Ihnen, einen gleichmäßigen Abstand zu halten.

2 „Auseinanderbügeln" bedeutet, dass Sie die beiden Nahtzugaben mit der Spitze des Bügeleisens auseinanderschieben und flach bügeln.

Handstiche

VORSTICH

Lange Vorstiche in gleichmäßigem Abstand eignen sich am besten, um Stofflagen zusammenzuheften und so vorübergehend miteinander zu verbinden. Kleine Vorstiche verwendet man, um Details zu sticken oder um einen Stoff einzukräuseln, indem man den Faden fest anzieht. Der Abstand zwischen den Stichen sollte immer genausolang sein wie der Stich selbst.

ECKNAHT

Nähen Sie entlang der ersten Kante bis zur Höhe der Nahtzugabe. Lassen Sie die Nadel im Stoff, heben Sie das Nähmaschinenfüßchen an und drehen Sie den Stoff um 90 Grad. Senken Sie das Füßchen wieder ab und nähen Sie entlang der nächsten Kante. Schneiden Sie ein kleines Dreieck an der Ecke ab, damit die Naht nach dem Wenden flach liegt. Achten Sie unbedingt darauf, nicht näher als 3 mm an die Nahtlinie heranzukommen. Bei spitzeren Winkeln, wie bei den Wimpeln der Herbstlichen Naturgirlande (Seite 24) muss die Ecke stärker eingekürzt werden.

ÜBERWENDLICHSTICH

2 Verbinden Sie 2 umgeschlagene Kanten wie zum Beispiel bei den Sechsecken der Patchwork-Decke (Seite 110) oder besonders dicke Stoffe, wie den Wollfilz für den Kuschelhasen Boo (Seite 32) mit diesem Stich. Heften oder legen Sie die Stoffe rechts auf rechts aufeinander und stechen Sie die Nadel im rechten Winkel dicht an der Kante durch die Stofflagen. Arbeiten Sie den nächsten Stich auf dieselbe Weise und fahren Sie so fort bis zum Nahtende.

STAFFIERSTICH

1 Mit diesem Stich kann man zwei Stoffe fast unsichtbar zusammennähen, weil der größte Teil des Stichs verdeckt ist. Bringen Sie die Nadel 1 mm von der Kante des unteren Stoffs nach oben. Stechen Sie direkt oberhalb des Ausstichs in den anderen Stoff ein und bringen Sie die Nadel 5 mm weiter vorn auf derselben Höhe wieder nach oben. Machen Sie einen kleinen Stich nach unten in den unteren Stoff und fahren Sie so fort bis zum Ende der Naht.

Initialen
für das Knopfbild auf Seite 12

ABCDE
FGHIJK
LMNOP
QRSTU
VWXYZ

Vergrößern Sie den gewählten Buchstaben auf 400 %

KÜCHENUTENSILIEN

für die Schürze für fleißige Helferlein auf Seite 18 — 21

↑

RAND DER TASCHE

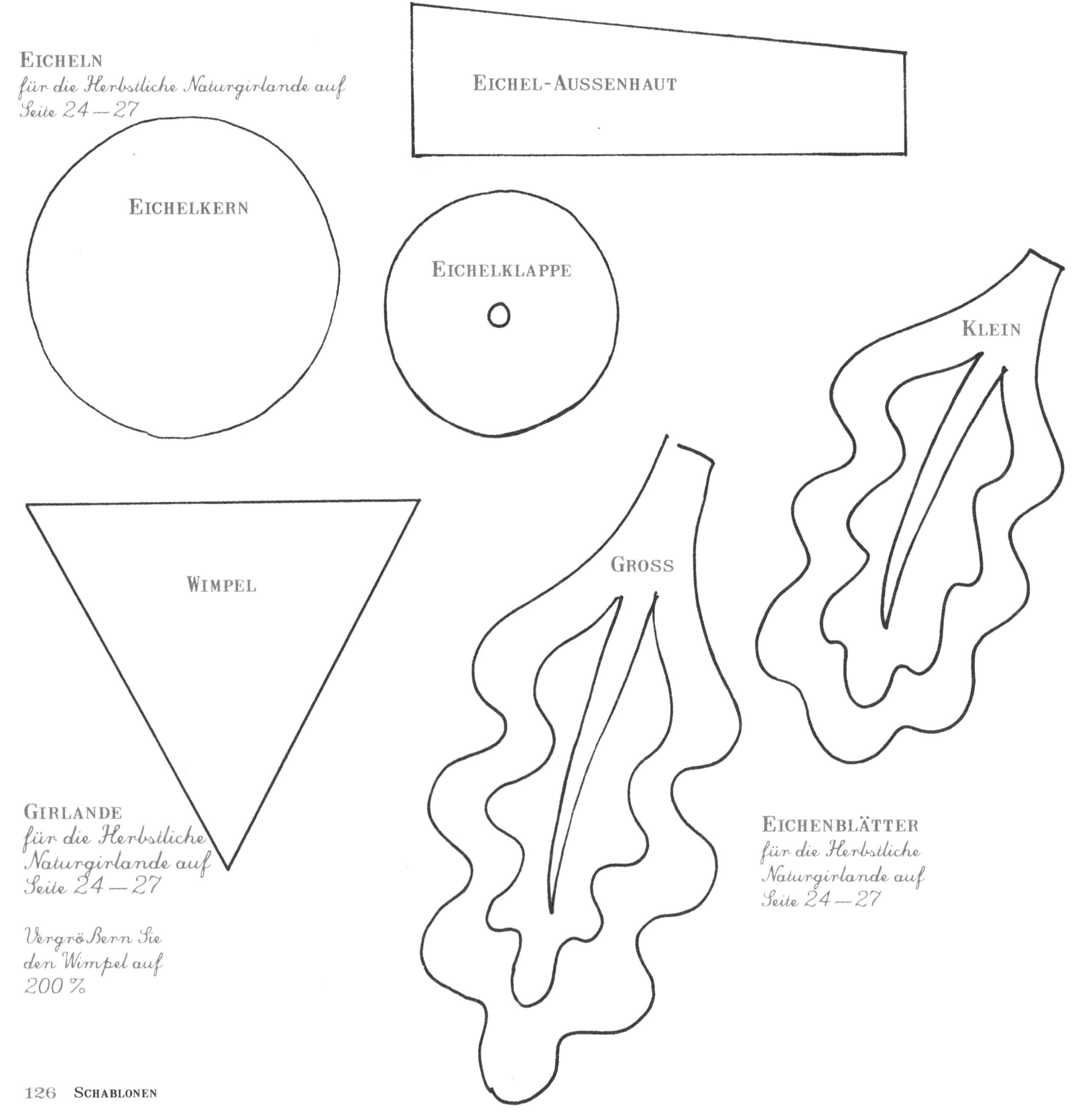

EICHELN
für die Herbstliche Naturgirlande auf
Seite 24—27

EICHELKERN

EICHEL-AUSSENHAUT

EICHELKLAPPE

KLEIN

GROSS

WIMPEL

GIRLANDE
für die Herbstliche
Naturgirlande auf
Seite 24—27

Vergrößern Sie
den Wimpel auf
200 %

EICHENBLÄTTER
für die Herbstliche
Naturgirlande auf
Seite 24—27

Boo
für Kuschelhase Boo Seite 32—36

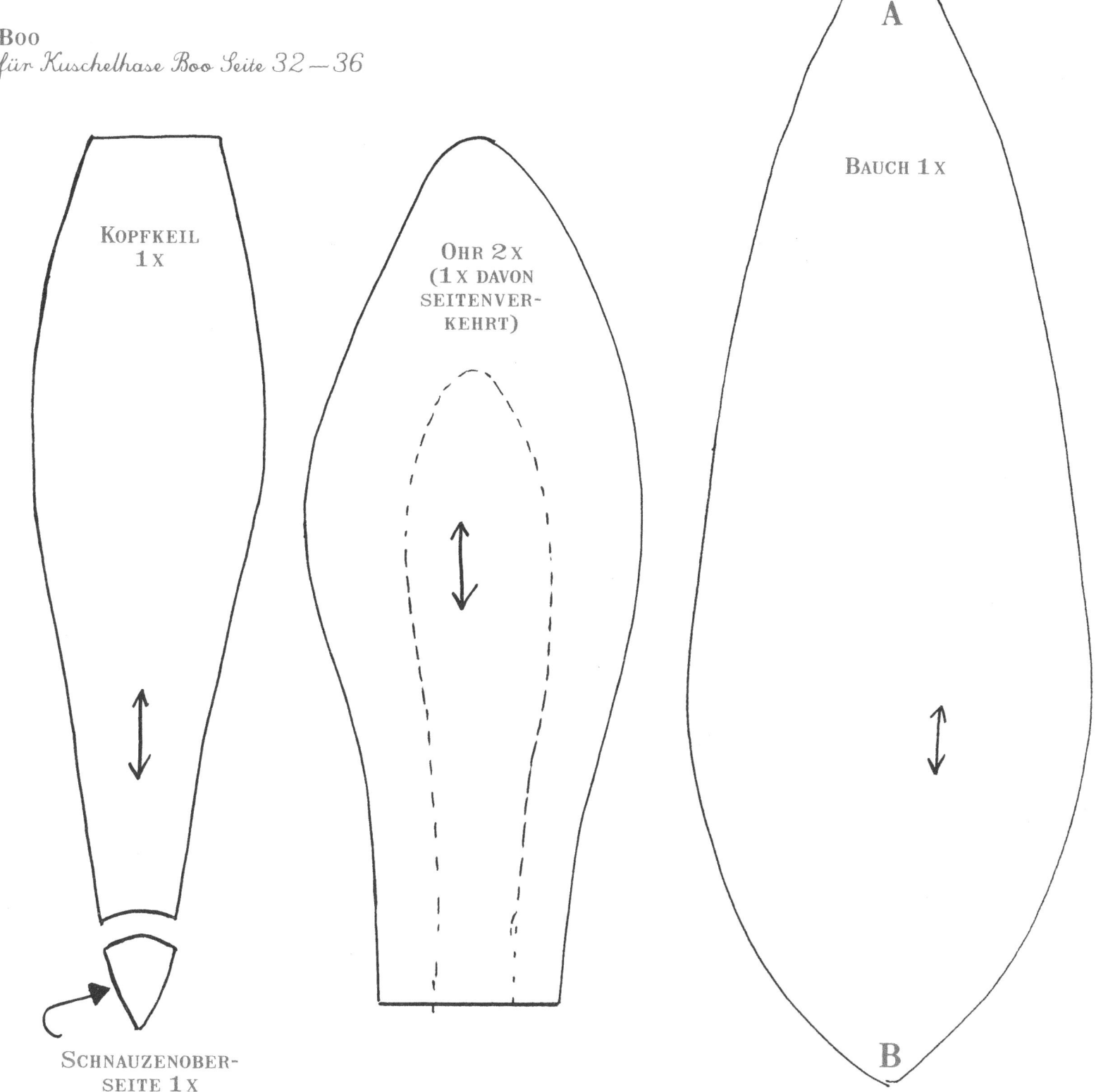

KOPFKEIL
1 X

OHR 2 X
(1 X DAVON
SEITENVER-
KEHRT)

BAUCH 1 X

A

B

SCHNAUZENOBER-
SEITE 1 X

Boo (Fortsetzung)
für Kuschelhase Boo Seite 32 – 36

Schnauzensei-
te 2 x (1 x davon
seitenverkehrt)

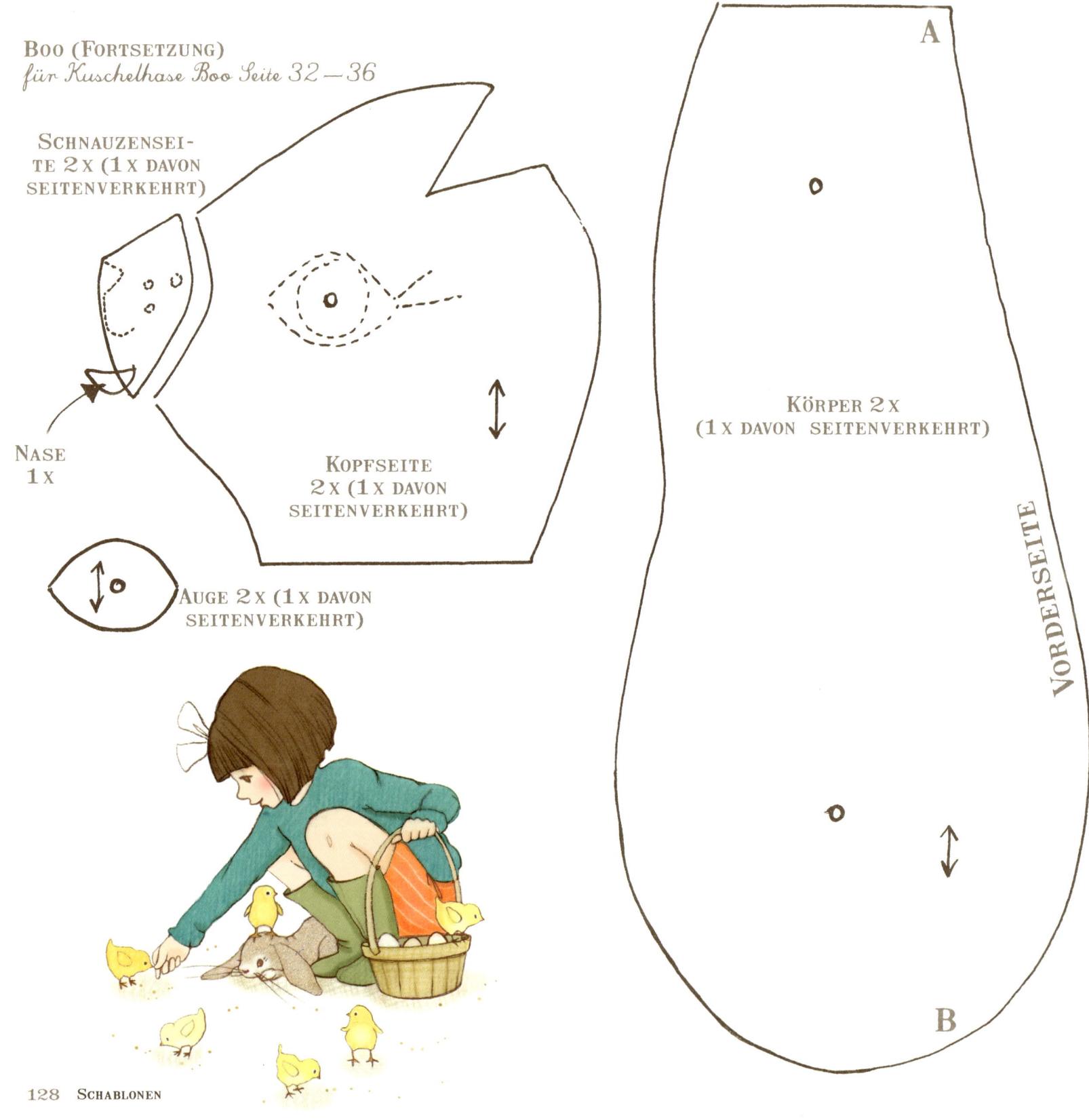

Nase
1 x

Kopfseite
2 x (1 x davon
seitenverkehrt)

Auge 2 x (1 x davon
seitenverkehrt)

A

Körper 2 x
(1 x davon seitenverkehrt)

Vorderseite

B

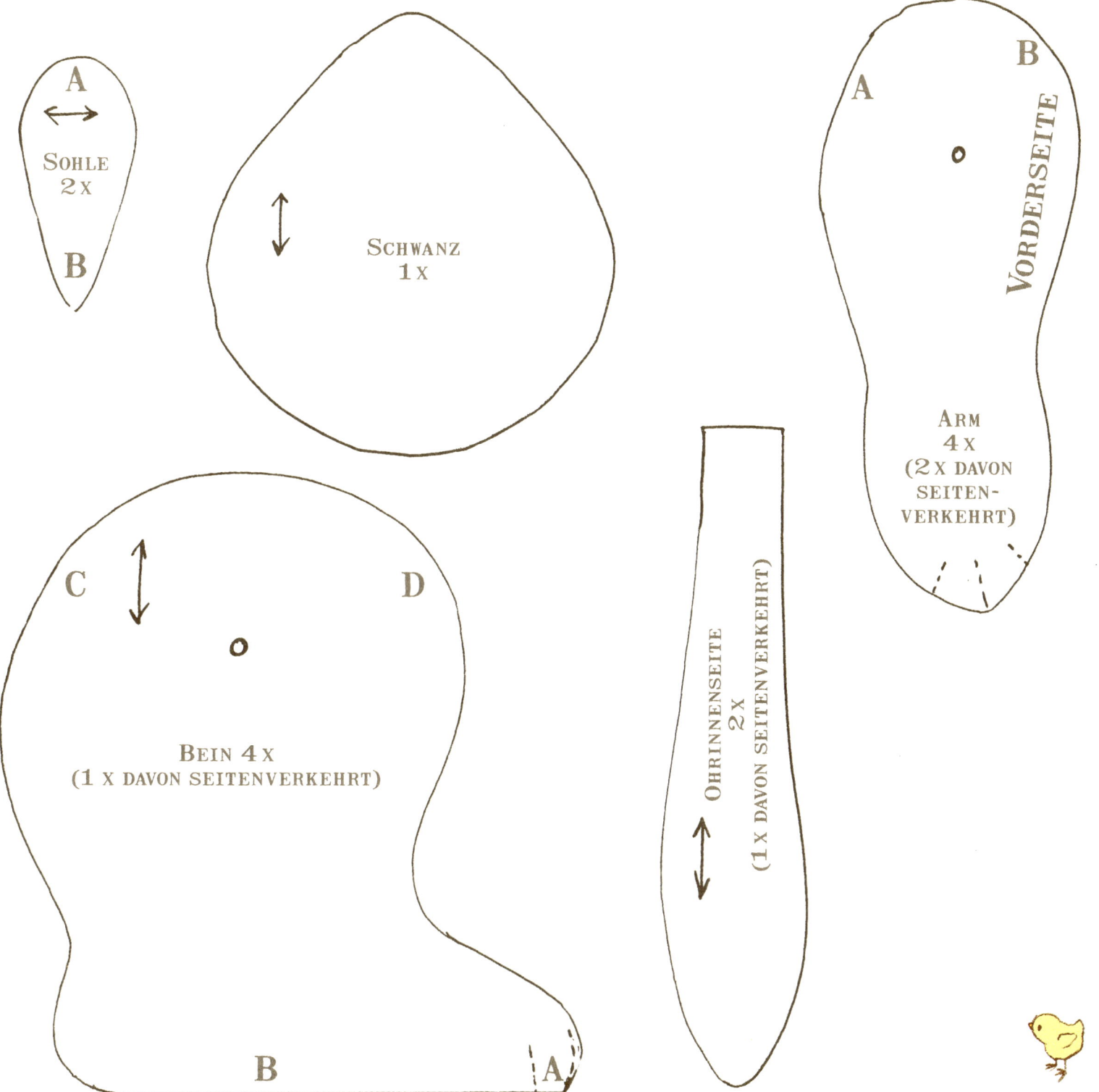

A

SOHLE
2 x

B

SCHWANZ
1 x

A

B

VORDERSEITE

ARM
4 x
(2 x DAVON
SEITEN-
VERKEHRT)

C

D

BEIN 4 x
(1 x DAVON SEITENVERKEHRT)

OHRINNENSEITE
2 x
(1 x DAVON SEITENVERKEHRT)

B

A

VÖGEL
für Heißluftballon-Mobile auf Seite 39

Vergrößern Sie die Vögel auf 125 %

1

BALLON
für Heißluftballon-Mobile auf Seite 39

Vergrößern Sie den Ballon auf 125 %

KLEIN

2

GROSS

WOLKEN
für Heißluftballon-Mobile auf Seite 39

Vergrößern Sie die Wolken auf 125 %

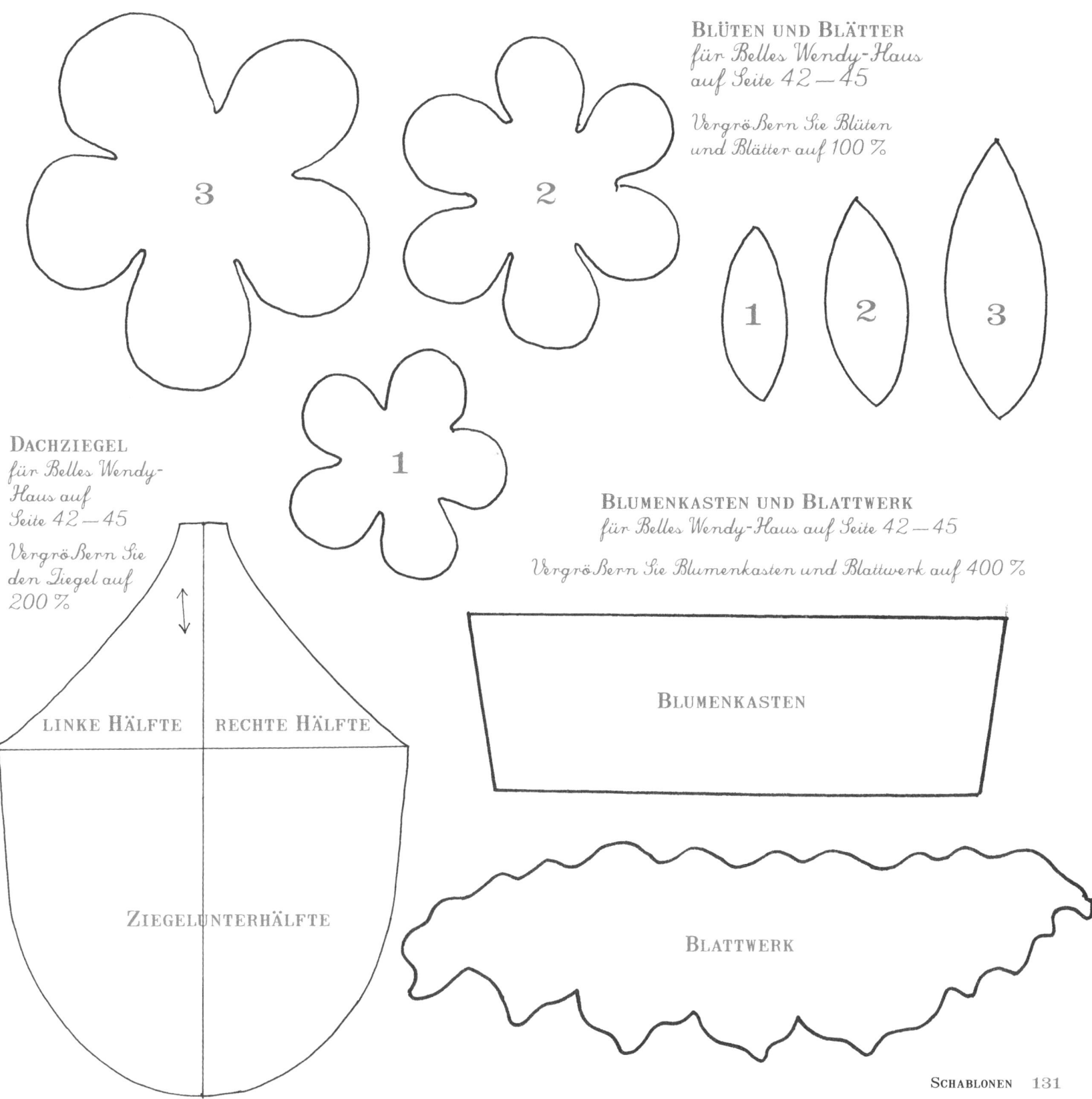

BLÜTEN UND BLÄTTER
für Belles Wendy-Haus
auf Seite 42 – 45

Vergrößern Sie Blüten
und Blätter auf 100 %

3

2

1

2

3

1

DACHZIEGEL
für Belles Wendy-
Haus auf
Seite 42 – 45

Vergrößern Sie
den Ziegel auf
200 %

LINKE HÄLFTE   RECHTE HÄLFTE

ZIEGELUNTERHÄLFTE

BLUMENKASTEN UND BLATTWERK
für Belles Wendy-Haus auf Seite 42 – 45

Vergrößern Sie Blumenkasten und Blattwerk auf 400 %

BLUMENKASTEN

BLATTWERK

STICKMOTIV BOO
*für das Zahnfee-Kissen
auf Seite 54 – 57*

TÄSCHCHEN
2 x

TÄSCHCHEN
für das Zahnfee-Kissen auf Seite 54 – 57

ZAHLEN
*für die Hickelhäuschen-Matte
auf Seite 58 – 60*

Vergrößern Sie jede Zahl auf 250 %

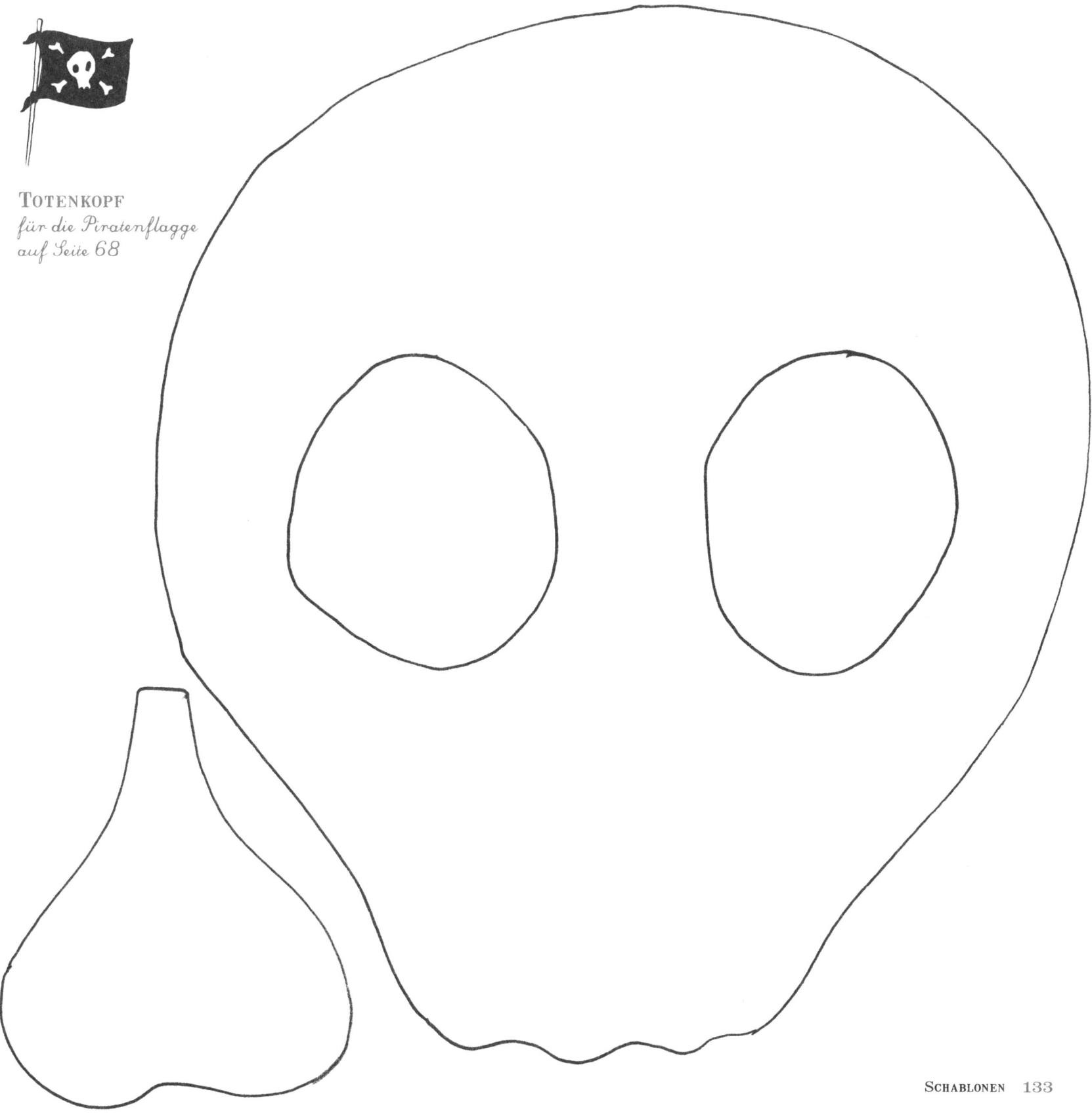

TOTENKOPF
für die Piratenflagge
auf Seite 68

ZAHLEN
für das Spielbuch auf Seite 74—81

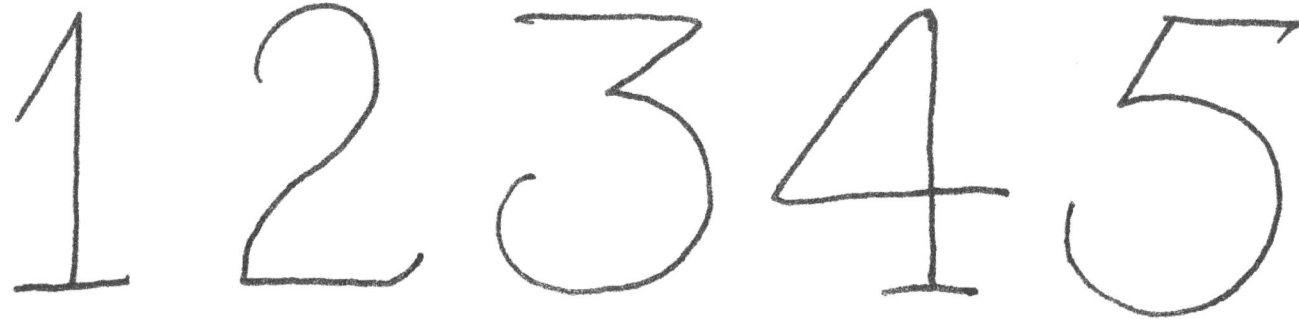

HAUS
für das Spielbuch auf Seite 74—81

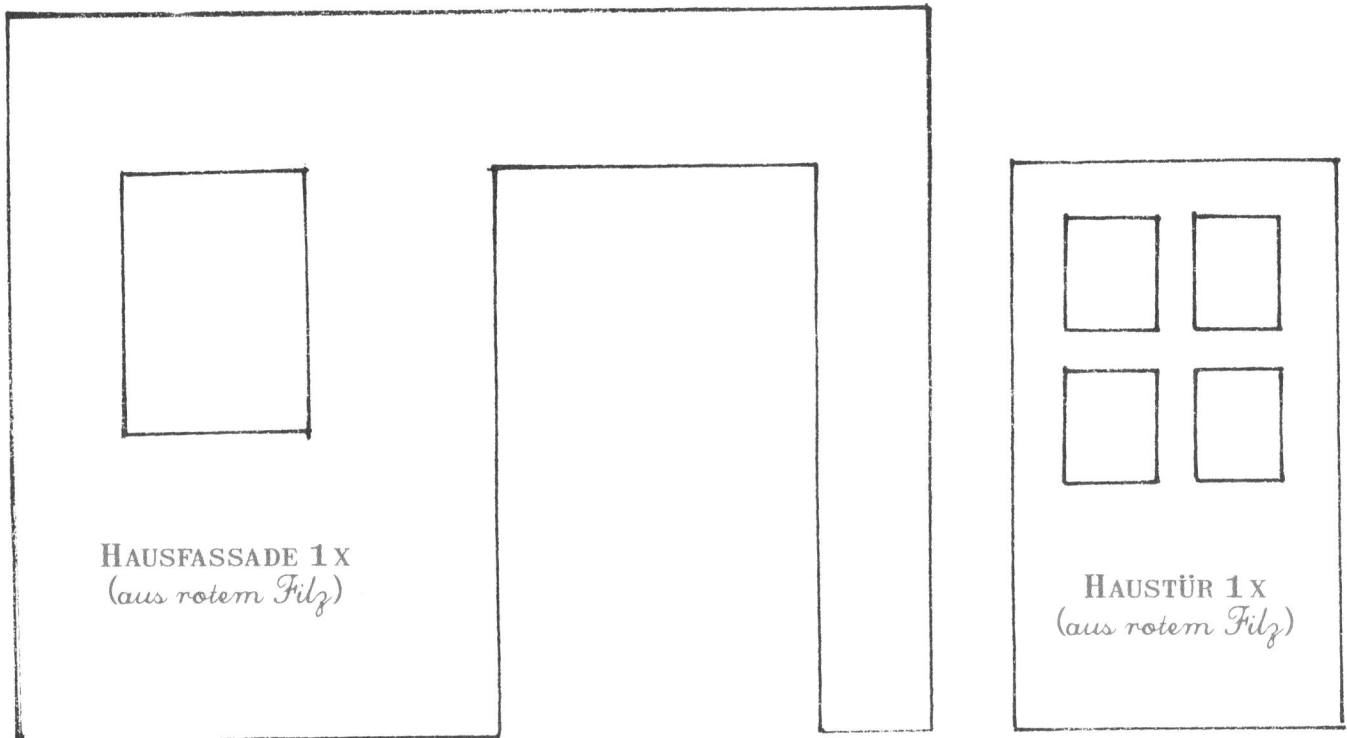

HAUSFASSADE 1 X
(aus rotem Filz)

HAUSTÜR 1 X
(aus rotem Filz)

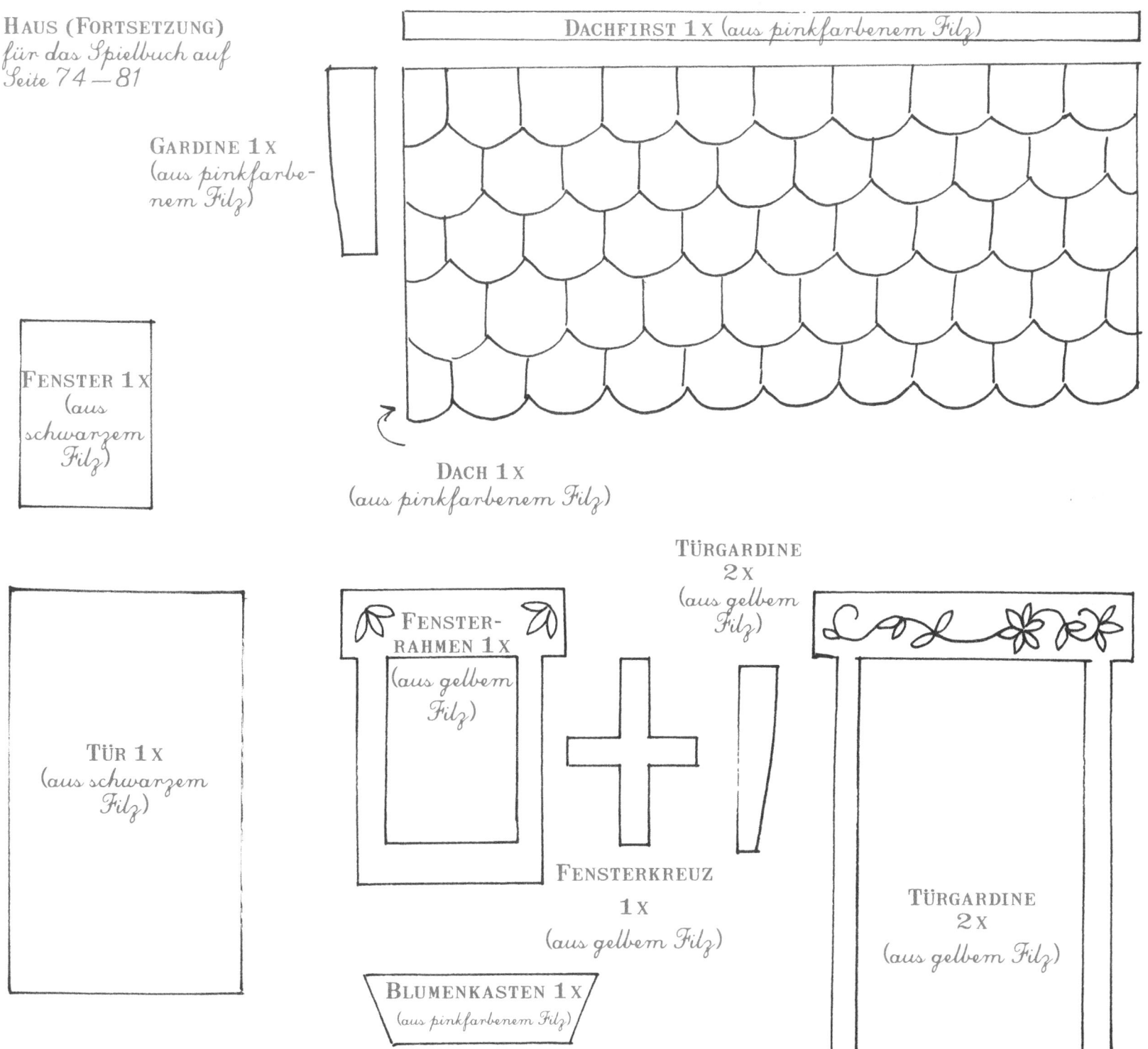

HAUS (FORTSETZUNG)
für das Spielbuch auf Seite 74—81

DACHFIRST 1 x (aus pinkfarbenem Filz)

GARDINE 1 x
(aus pinkfarbe-
nem Filz)

FENSTER 1 x
(aus
schwarzem
Filz)

DACH 1 x
(aus pinkfarbenem Filz)

TÜR 1 x
(aus schwarzem
Filz)

FENSTER-
RAHMEN 1 x
(aus gelbem
Filz)

TÜRGARDINE
2 x
(aus gelbem
Filz)

FENSTERKREUZ
1 x
(aus gelbem Filz)

TÜRGARDINE
2 x
(aus gelbem Filz)

BLUMENKASTEN 1 x
(aus pinkfarbenem Filz)

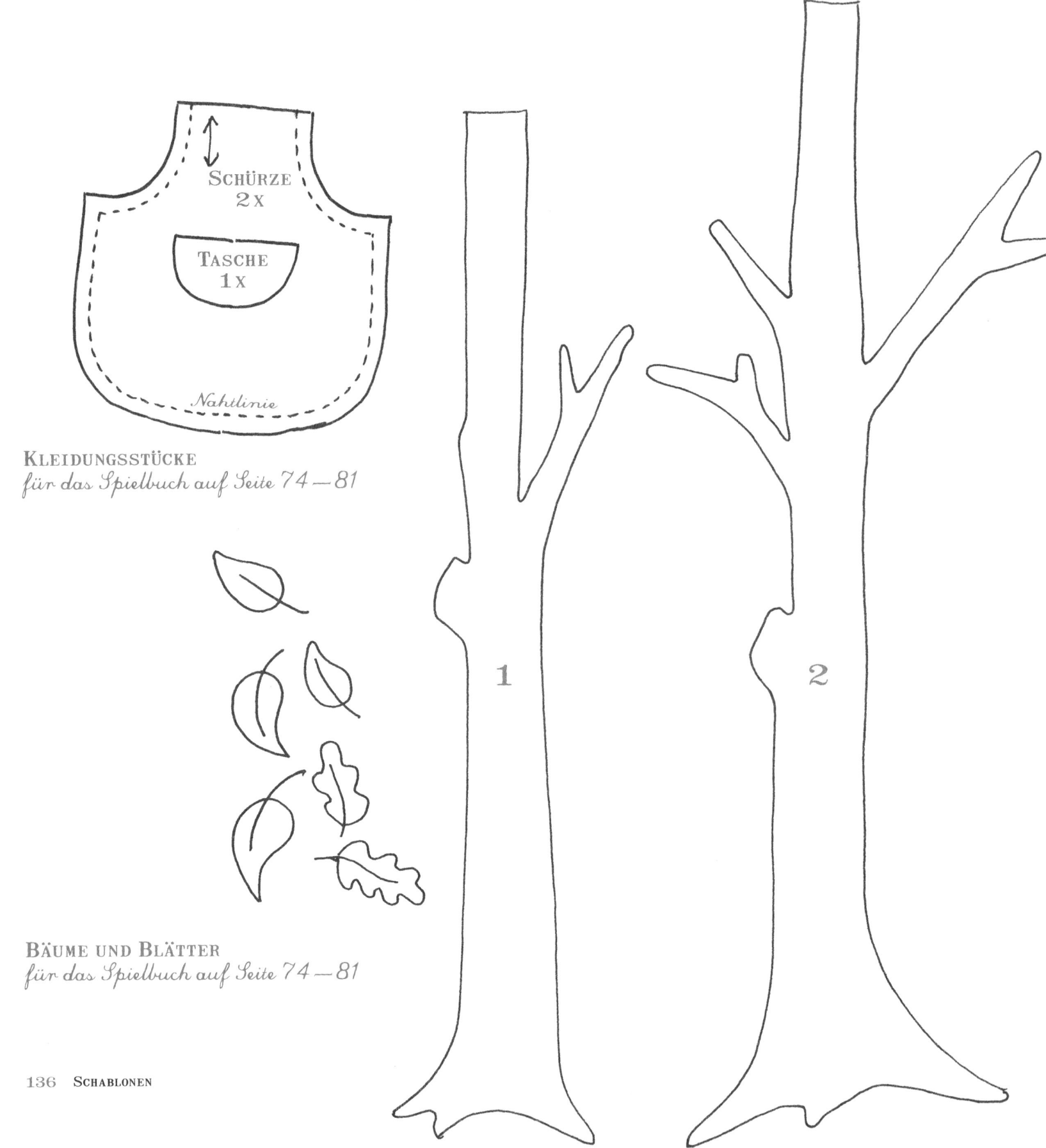

SCHÜRZE
2 x

TASCHE
1 x

Nahtlinie

KLEIDUNGSSTÜCKE
für das Spielbuch auf Seite 74 – 81

BÄUME UND BLÄTTER
für das Spielbuch auf Seite 74 – 81

1

2

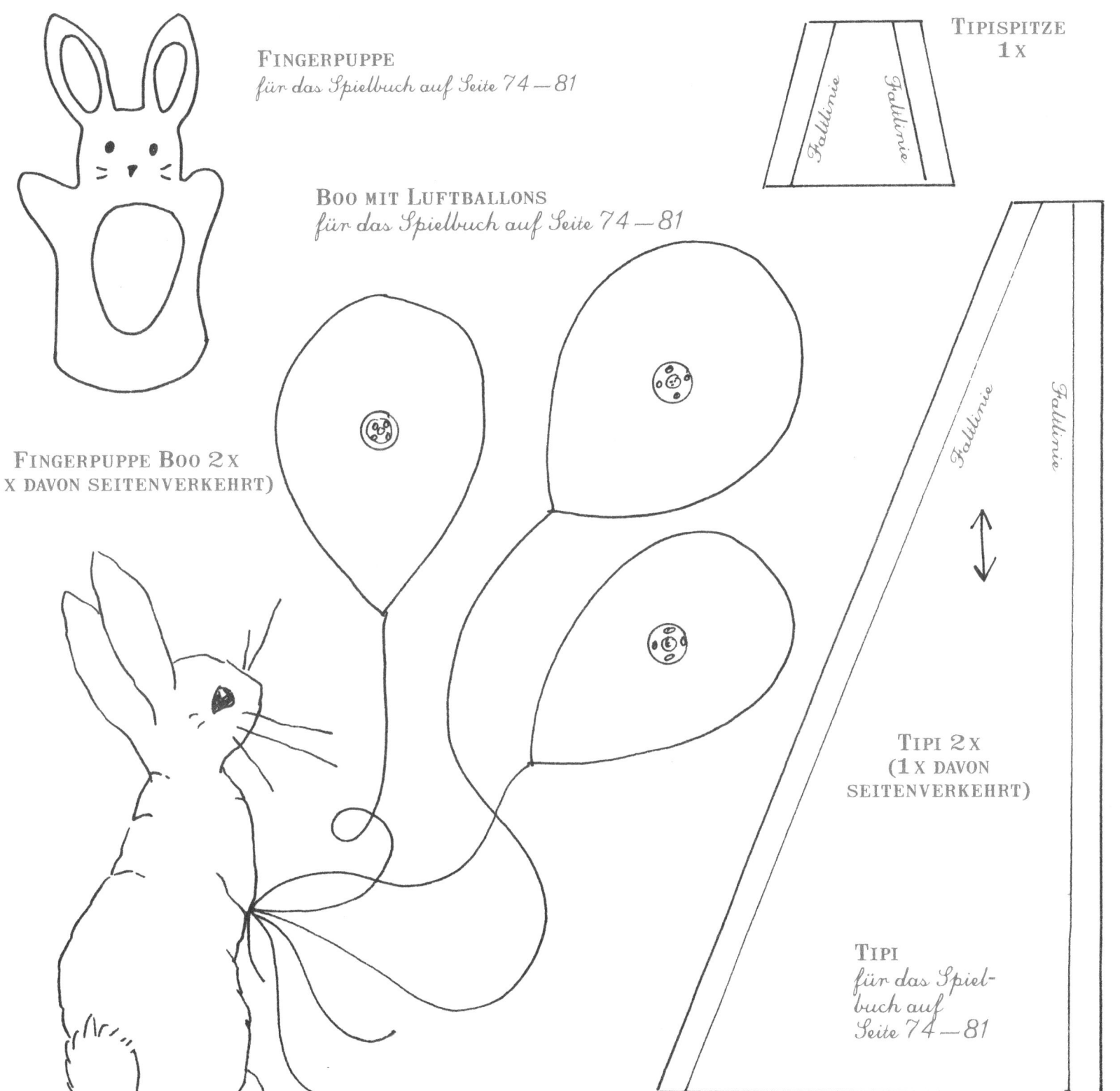

FINGERPUPPE
für das Spielbuch auf Seite 74–81

BOO MIT LUFTBALLONS
für das Spielbuch auf Seite 74–81

FINGERPUPPE BOO 2×
(1× DAVON SEITENVERKEHRT)

TIPISPITZE
1×

Faltlinie
Faltlinie

Faltlinie
Faltlinie

TIPI 2×
(1× DAVON
SEITENVERKEHRT)

TIPI
*für das Spiel-
buch auf
Seite 74–81*

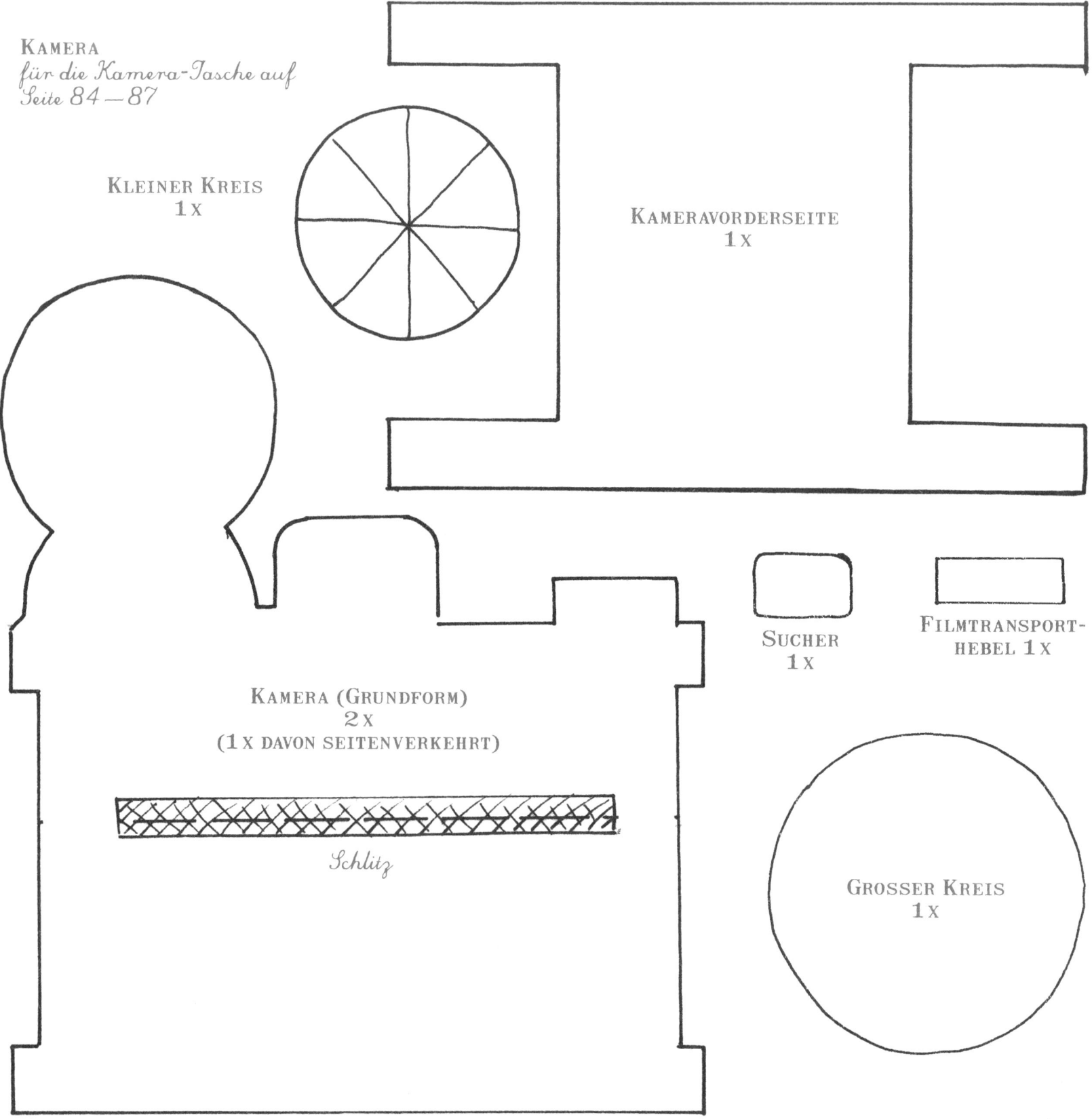

KAMERA
für die Kamera-Tasche auf
Seite 84—87

KLEINER KREIS
1 x

KAMERAVORDERSEITE
1 x

SUCHER
1 x

FILMTRANSPORT-
HEBEL 1 x

KAMERA (GRUNDFORM)
2 x
(1 x DAVON SEITENVERKEHRT)

Schlitz

GROSSER KREIS
1 x

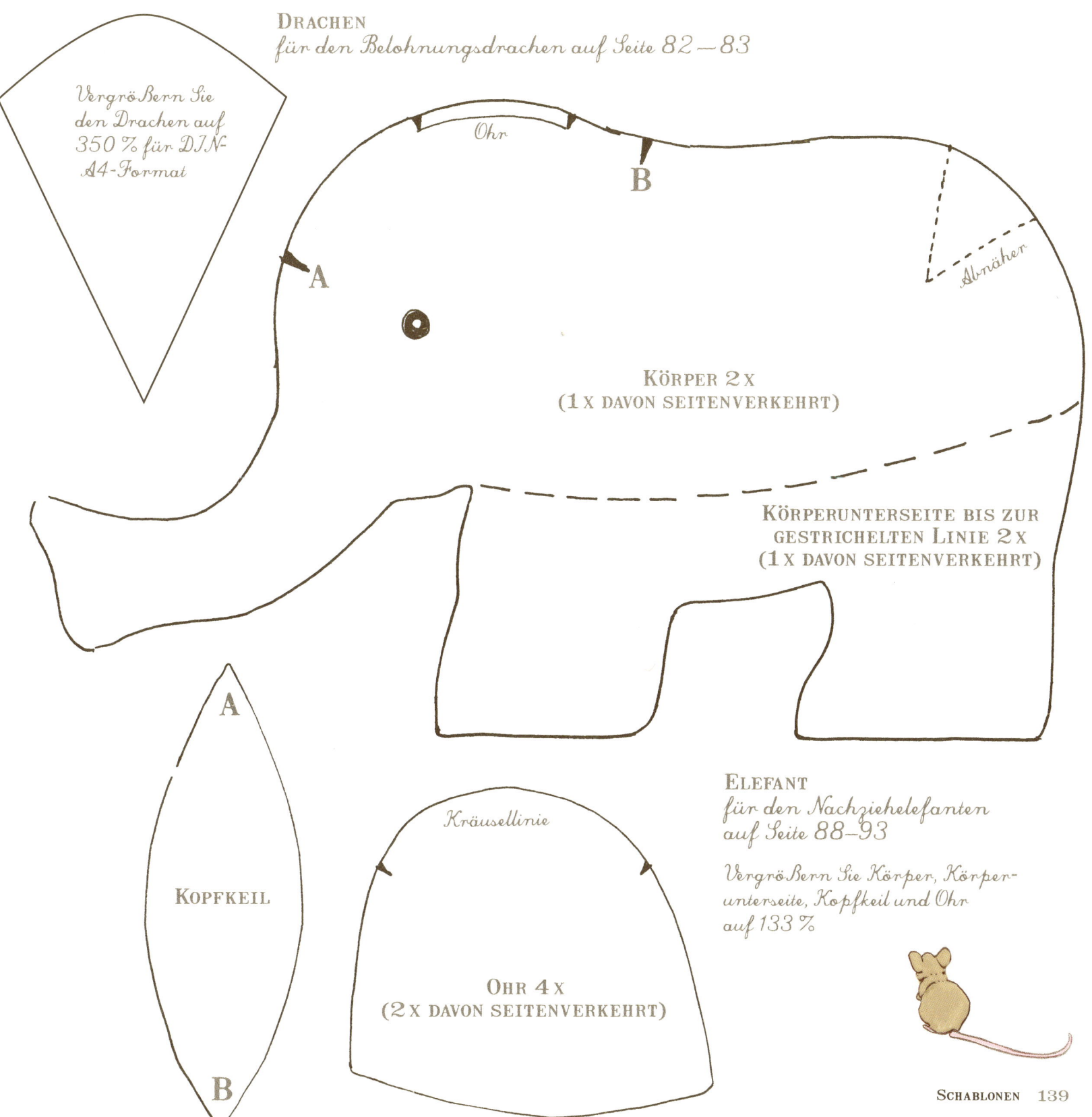

DRACHEN
für den Belohnungsdrachen auf Seite 82–83

Vergrößern Sie den Drachen auf 350 % für DIN-A4-Format

Ohr

B

A

Abnäher

KÖRPER 2 x
(1 x DAVON SEITENVERKEHRT)

KÖRPERUNTERSEITE BIS ZUR
GESTRICHELTEN LINIE 2 x
(1 x DAVON SEITENVERKEHRT)

A

KOPFKEIL

B

Kräusellinie

OHR 4 x
(2 x DAVON SEITENVERKEHRT)

ELEFANT
*für den Nachziehelefanten
auf Seite 88–93*

*Vergrößern Sie Körper, Körper-
unterseite, Kopfkeil und Ohr
auf 133 %*

SCHABLONEN 139

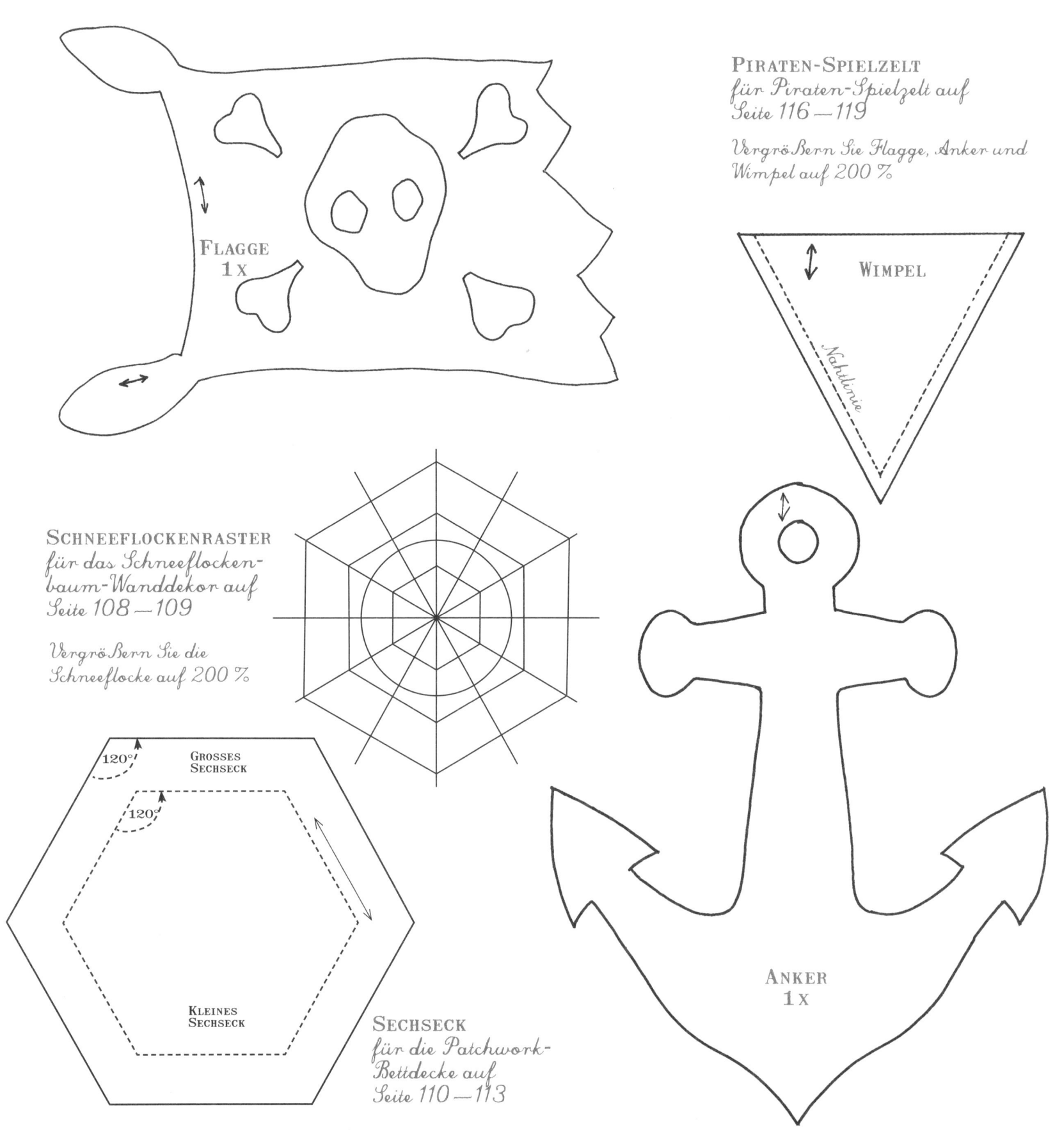

FLAGGE
1 x

PIRATEN-SPIELZELT
für Piraten-Spielzelt auf
Seite 116 — 119

Vergrößern Sie Flagge, Anker und
Wimpel auf 200 %

WIMPEL

Nahtlinie

SCHNEEFLOCKENRASTER
für das Schneeflocken-
baum-Wanddekor auf
Seite 108 — 109

Vergrößern Sie die
Schneeflocke auf 200 %

120°

120°

GROSSES
SECHSECK

KLEINES
SECHSECK

SECHSECK
für die Patchwork-
Bettdecke auf
Seite 110 — 113

ANKER
1 x

Bezugsquellen

Buchtipps

BELLE & BOO

www.belleandboo.com
*Im Online-Shop von Belle & Boo finden
Sie neben den im Buch verwendeten
Stoffen viele weitere tolle Dinge wie Papeterie
und Haushaltswaren.*

DEBBIE BLISS

www.debbieblissonline.com
*Im Händlerverzeichnis sind auch die deutschen
Geschäfte verzeichnet, die diese Wolle führen.*

BELLE & BOO-SHOPS IN DEUTSCHLAND:

STERNENSTAUB

Diekbornstraße 53
30449 Hannover
+49 511 20322590
www.sternenstaub-linden.de

LILLYED FÜR DICH

Berrenrather Straße 163
50937 Köln
+49 221 7190676
www.lillyed.de

LILAC LANE SHOWROOM

Sollner Straße 47
c/o Liebling München
81479 München
+49 89 95477859
www.lilac-lane.de

MATERIALIEN UND ZUBEHÖR

VBS HOBBY

www.vbs-hobby.com
*Vielfältige Materialien zum kreativen
Gestalten.*

BUTTINETTE

www.buttinette.de
Nähzubehör und was man sonst noch braucht.

FRAU TULPE

www.frautulpe.de
*Große Auswahl kindergerechter und außerge-
wöhnlicher Stoffe.*

HÄKELN FÜR SPIELKINDER

*30 lustige Mützen, Schals, Kleidungsstücke und
Spielzeug*
144 Seiten, 19,90 €
ISBN 978-3-86355-150-6

MÜTZENTIERE

15 artgerechte Strickmuster – garantiert pelzfrei
128 Seiten, 14,90 €
ISBN 978-3-86355-170-4

MIT ESSEN SPIELT MAN NICHT

Ein Bastelkochbuch von COSA KITCHEN
144 Seiten, 14,90 €
ISBN 978-3-86355-168-1

FINGERABDRUCK, PUNKT UND STRICH

Zeichenspaß auf Fingerabdrücken
80 Seiten, 9,90 €
ISBN 978-3-86355-075-2

Register

Accessoires
    Fäustlinge mit Schneeflocken
      50–53
    Kindermütze mit Bommel 46–49

Ballettbeutel 70–73
Ballons
    Heißluftballon-Mobile 38–39,
      130
    Luftballons, Spielbuch 74–81,
      137
Bäume
    Schneeflockenbaum-Wanddekor
      108–109
    Spielbuch 74–81, 136
Belles Wendy-Haus 42–45, 131
Belohnungsdrachen 82–83
Bettzeug
    Patchwork-Bettdecke 110–113
    Zahnfee-Kissen 54–57, 132
Bilder, Knopf- 12–13, 124
Bommel, Kindermütze mit 46–49
Boo 32–37, 127–129
Boo mit Luftballons,
    Spielbuch 74–81, 134
Buchstaben 12–13, 124

Decke, Frühlingswiesen-Picknick-
    104–107
Drachen, Belohnungs- 82–83
D-Ringe, annähen 68, 71

Ecknähte, 123
Elefant, Nachzieh- 88–93, 139

Fäustlinge mit Schneeflocken
    50–53
Filzen von Wolle 32
Fingerpuppe, Spielbuch 74–81, 137
    Forschertasche 62–67
Freundschaftsarmband mit Perlen
    101
Freundschaftsarmbänder 98–103
Freundschaftsarmbänder
    Geflochtene 98
    Gewebte 102
    mit Perlen 101

Frühlingswiesen-Picknickdecke
    104–107
Futter 66, 87

Gefilzte Wolle, Boo 32–37
Geflochtene
    Freundschaftsarmbänder 98
Gewebte Freundschaftsarmbänder
    102
Girlande, Herbstliche Natur-
    24–27, 126

Handschuhe, Fäustlinge mit
    Schneeflocken 50–53
Handstiche 123
Häuser
    Belles Wendy-Haus 42–45, 131
    Spielbuch 74–81, 134–135
Heißluftballon-Mobile 38–39, 130
Helferlein, Schürze für fleißige
    kleine 18–21, 125
Herbstliche Naturgirlande 24–27,
    126
Hickelhäuschen-Matte 58–61, 132

Indianerkopfschmuck 28–31

Kamera-Tasche, 84–87, 138
Kindermütze mit Bommel 46–4 9
Kissen, Zahnfee- 54–57, 132
Knopfbilder 12–1 3, 124
Knopflochschlaufen 121
Knopflochstich 121
Konturen übertragen 120
Kopfschmuck, Indianer- 28–31
Kuschelhase Boo 32–37, 127–129
Kuscheltiere
    Boo 32–37, 127–129
    Nachziehelefant 88–93, 139

Matte, Hickelhäuschen- 58–61,
    132
Mobile, Heißluftballon- 38–39, 130

Nachziehelefant 88–93, 139

Nähen
    Gerader Stich 120
    Handstiche 123
    Knopflochstich 121
    Nähte 122–123
    Plattstich 121
    Rückstich 121
    Säume 122 11
    Staffierstich 123
    Sticken 120–121
    Stielstich 121
    Überwendlichstich 123
    Vorstich 123
Nähte 122–123

Patchwork-Bettdecke 110–113
Picknickdecke,
    Frühlingswiesen-104–107
„Pirate Games", Sitzsack 14–17
Piratenflagge, 68–69, 133
Piraten-Spielzelt 114–119, 140
Plattstich 121

Rahmen, Stick- 120
Reißverschlüsse einnähen
    14, 66, 81, 87
Rückstich 121

Säume 122
Schablonen 124–140
Schlaufen, Knopfloch- 121
Schmuck
Schneeflocken, Fäustlinge mit
    50–53
Schneeflockenbaum-Wanddekor
    108–109
Schnittmuster 124–140
Schrägstreifen 21, 122
Schürze für fleißige kleine Helferlein
    18–21, 125
Seifen am Stiel, 94–97
Sitzsack „Pirate Games" 14–1 7
Spielbuch 74–81, 134
Spiele, Hickelhäuschen-Matte
    58–61, 132

Spielzelte
    Belles Wendy-Haus 42–45, 131
    Piraten-Spielzelt 114–119, 140
Spielzeug
    Boo 32–37, 127–129
    Nachziehelefant 88–93, 139
Staffierstich 123
Sticken 120–121
Stickrahmen 120
Stielstich 121
Stricken
    Fäustlinge mit Schneeflocken
      50–53
    Kindermütze mit Bommel 46–49

Taschen
    Forschertasche 62–67
    Schürze für fleißige kleine
      Helferlein 18–21, 125
Tipi, Spielbuch 74–81, 137

Übertragen, Konturen 120
Überwendlichstich 123
Überwurf, Patchwork-Bettdecke
    110–113

Vorstich 123

Wanddekor,
    Schneeflockenbaum- 108–109
Waschtag, Spielbuch 74–81, 136
Wendy-Haus
    Belles Wendy-Haus 42–45, 131
    Spielbuch 74–81, 134–135
Wollfilz, Boo 32–37
Zahlen
    Hickelhäuschen-Matte 58–61,
      132
    Spielbuch 74–81, 134
Zahnfee-Kissen 54–57, 132
Zugbeutel, Ballettbeutel 70–73

Bibliografische Information der Deutschen Bibliothek.

Die Deutsche Bibliothek verzeichnet diese Publikation in der deutschen Nationalbibliografie.
Detaillierte bibliografische Daten sind im Internet über http://www.d-nb.de/ abrufbar.

EIN BUCH DER EDITION MICHAEL FISCHER

1. Auflage 2013

Alle Rechte der deutschsprachigen Ausgabe bei
© 2013 Edition Michael Fischer GmbH, Igling
© 2013 Quadrille Publishing Ltd
Projekt Designs © 2013 Quadrille Publishing Ltd
Illustrationen © 2013 Mandy Sutcliffe
Fotos © 2013 Laura Edwards

Erstveröffentlicht bei Quadrille Publishing Ltd

Titel der Originalausgabe:
The Belle & Boo Book of Craft

Aus dem Englischen übertragen von Beate Wellmann
Gesamtherstellung: Verena Raith

ISBN: 978-3-86355-169-8

www.editionfischer.de